A ARTE DO ATOR

Jean-Jacques Roubine

A ARTE DO ATOR

Tradução:
Yan Michalski e Rosyane Trotta

ZAHAR

Tradução autorizada da primeira edição francesa, publicada em 1985
por Presses Universitaires de France, de Paris, França, na série "Que sais-je?"

Grafia atualizada segundo o Acordo Ortográfico da Língua Portuguesa de 1990, que entrou em vigor no Brasil em 2009.

Título original:
L'Art du Comédien

Capa
Flávia Castanheira

Foto da capa
© Sasha/Getty Images

CIP-Brasil. Catalogação na fonte
Sindicato Nacional dos Editores de Livros, RJ

Roubine, Jean-Jacques, 1939-1990
R764a A arte do ator / Jean-Jacques Roubine; tradução Yan Michalski e Rosyane Trotta. — 2ª ed. — Rio de Janeiro: Zahar, 2011.

Tradução de: L'art du comédien.
Inclui bibliografia
ISBN 978-85-7110-140-1

1. Representação teatral. 2. Atores. I. Título.

CDD: 792.028
10-2300 CDU: 792.028

Todos os direitos desta edição reservados à
EDITORA SCHWARCZ S.A.
Praça Floriano, 19, sala 3001 — Cinelândia
20031-050 — Rio de Janeiro — RJ
Telefone: (21) 3993-7510
www.companhiadasletras.com.br
www.blogdacompanhia.com.br
facebook.com/editorazahar
instagram.com/editorazahar
twitter.com/editorazahar

Sumário

Introdução

Da arte do ator, sabe-se muito e pouco. Muito, na medida em que, por motivos de ordem psicológica e sociológica que fogem ao alcance deste estudo, o ator foi durante muito tempo objeto de fascinação e até mesmo de idolatria social. O ator parece pertencer a um universo mágico. O seu lugar é o "outro lado do espelho". No sonho coletivo, o monstro sagrado, a diva e depois a *star* vieram naturalmente substituir os deuses e as feiticeiras, as figuras e os mitos que não poderiam se adaptar aos tempos modernos. Falou-se muito, escreveu-se muito sobre os atores, mas raramente sobre a sua arte propriamente dita.

O que se sabe a respeito é portanto pouca coisa, considerando o caráter quase sempre anedótico ou hagiográfico da literatura que se ocupa do ator. Pouca coisa também porque, até recentemente, pelo menos, ele pouco escreveu sobre si mesmo. Falta de interesse ou de aptidão? Inibição? Afinal de contas, há pouco mais de trinta anos, Jouvet externava o mais negro pessimismo:

> O que ele [o ator] diz então sobre a sua profissão, sobre os autores que ele interpreta, sobre os seus papéis, sobre ele mesmo, é marcado por uma espantosa estupidez, por uma espécie de baixeza ou de vulgaridade, ou pelo menos de ignorância. O que ele pode é contar a sua própria vida. É sórdido (*Témoignages sur le théâtre*, p.13).

As coisas mudaram sensivelmente desde o fim do século passado. O diretor é muitas vezes um ator (e às vezes, que ator!). Ocupa, pois, um posto de observação privilegiado. Ao mesmo tempo teórico e prático. Daí o interesse dos seus escritos, sejam eles de polêmica ou de reflexão: definem a grandeza e os limites de uma arte, denunciam suas complacências e suas trucagens, traçam um ideal que as gerações seguintes se esforçarão por realizar.

E, assim mesmo, sabe-se pouco sobre o ator. Pois, comparado aos outros artistas, ele sofre de uma desvantagem insuperável: a sua obra é efêmera. Posso ler, hoje, a *Fedra* que Racine escreveu em 1677, mas nunca poderei ver Rachel ou Sarah Bernhardt no papel-título. Um estudo da arte do ator é necessariamente de segunda mão. De Rachel, jamais saberei nada além daquilo que me contam Musset, Théophile Gautier, Jules Janin e alguns outros. Poderei contemplar suas fotos amareladas... Eis tudo! Mais tarde um pouco, disporei de documentos em discos ou filmes. Mas sabemos quão imperfeitamente eles nos dão conta da realidade do teatro. Veja, por exemplo, Maria Casarès interpretando Lady Macbeth, em frente à muralha de Avignon, e ouça depois a gravação, veja o documento filmado que foi realizado *in loco*: é a mesma voz, o mesmo rosto, o mesmo olhar. Mas é tudo completamente diferente... Se a evolução do gesto e das técnicas de interpretação ficar evidente, o mal-estar se transformará em estupor: como é possível compreender a admiração de Proust e dos seus contemporâneos por Sarah Bernhardt se levarmos em consideração os documentos sonoros ou filmados que dela ficaram?

Estamos evidentemente mais bem-aparelhados para o estudo do teatro recente, graças à multiplicação dos depoimentos de toda ordem e à crescente qualidade de tais documentos: de modo geral, a partir de 1880, aproximadamente, quando a problemática da *direção* começa a ser globalmente considerada, multiplicam-se reflexões teóricas, tratados relativos à técnica do ator e, um pouco mais tarde, teses acadêmicas que fundam um estudo diacrônico da prática do teatro...

O problema, no caso, se complica com o entrecruzar de influências múltiplas (mais numerosas e mais variadas, ao que parece, do que no campo da literatura ou da pintura): a dos teóricos que quase não puderam pôr em prática as suas ideias, ideias estas que irrigarão, um pouco mais tarde, toda a renovação do palco – a de Craig ou de Artaud, por exemplo; a das práticas estrangeiras, multiplicada pela crescente facilidade das viagens, dos intercâmbios: Craig dirige *Hamlet* em Moscou; Stanislavski e seu grupo cruzam a Europa e a América... O Berliner Ensemble se apresenta em Paris em diversas oportunidades, da mesma forma que o Piccolo Teatro de Milão, onde Patrice Chéreau dirige vários espetáculos. Os poderes públicos, nem sempre desinteressadamente, favorecem a circulação e o encontro dos homens e das obras – Teatro das Nações, festivais diversos (Avignon, Nancy, Paris, Munique etc.).

É neste contexto que devemos definir a economia e os limites da presente obra. O seu propósito consiste em caracterizar a arte do ator de hoje (os anos 80) em sua diversidade. Pretende ser, para usar uma palavra em moda, "sincrônica". Nesse campo, porém, a própria noção de sincronismo é difícil de fixar. A prática contemporânea se alimenta das pesquisas de ontem. Em Nova York, o Actors' Studio perpetua e renova o famoso "Método" de Stanislavski. Nos anos 60, o Living Theatre deixava consignada sua dívida para com Artaud. E, pelos motivos acima mencionados, não seria pertinente pretender definir uma arte do ator na França sem sequer aludir a todas essas práticas estrangeiras que repercutem nele, nem que seja apenas por intermédio do diretor: em essência ou por escola, o ator francês não é "brechtiano"; mas sob a batuta de um Roger Planchon ou de um Bernard Sobel, ele poderá vir a sê-lo...

Ao contrário do trabalho do escritor ou do pintor, o do ator faz parte de um processo de criação coletiva: é por isso que as gerações não param de se interpenetrar no teatro. Torna-se portanto inevitável dar uma definição empírica dessa noção de sincronismo, de modo a cobrir a arte de uma geração, sem isolá-la artificialmente das gerações que a precederam. Esta é a razão pela qual os trinta anos que começam no imediato pós-guerra (os anos 50) para chegar aos nossos dias vão constituir o terreno privilegiado deste estudo. Aliás, do ponto de vista da história do teatro, a escolha desse período justifica-se plenamente: os grandes diretores que haviam dominado o teatro francês entre as duas guerras desapareceram todos.* Vilar funda, em 1947, o Festival de Avignon; em 1951, ele assume a direção do TNP (Théâtre National Populaire). Trata-se, realmente, de um fim e de um começo. Durante os anos 50, a cortina se abre sobre uma nova época do nosso teatro. Época aberta, *in progress*, na medida em que ainda é prematuro afirmar se os anos 80 constituem um fim, um começo ou uma passagem...

Não seria possível pintar um panorama histórico contínuo. Problema de espaço!... Mas pareceu útil esclarecer o nosso presente com incursões sistemáticas no passado do teatro. Como, por exemplo, evocar a representação "com máscara" de hoje em dia sem se referir à *commedia dell'arte*?

Queremos salientar também uma distorção inevitável: se considerarmos a arte do ator sob o ângulo estatístico, constatamos que, no essencial, a prática dominante ainda é regida por uma ideologia do "natural", da verdade psicológica, e por um sistema de artifícios herdados da famosa *tradição*, perpetuados pela rotina de uns (os atores) e outros (o público): a aceleração do tempo de representação, a histerização da dicção, o exagero gestual ou mímico, tudo isso ainda agrada demais em muitos palcos, do Boulevard à Comédie-Française! Que peso têm, em comparação com isso, as audácias teóricas de um Artaud, os *Escritos* de Brecht, de acesso frequentemente difícil, as pesquisas de Grotowski, que apenas alguns felizes eleitos puderam conhecer diretamente?

---

* Copeau, o iniciador, morre em 1949, assim como Dullin. Jouvet desaparece em 1951 e Baty em 1952. Pitoëff havia falecido em 1939.

Desse ponto de vista estatístico, seu peso é sem dúvida insignificante. Mas talvez esse não seja o ponto de vista mais correto. De qualquer modo, não é o único. Pois não se poderia falar do ator de hoje sem insistir nas ideias e práticas que, de forma subterrânea, trabalham e transformam pouco a pouco a arte do ator. Se, atualmente, ela é mais diversa, mais complexa do que há trinta anos, é devido a esse fenômeno de irrigação. Falar do ator de hoje é evocar o intérprete de ontem, mas é também, esperamos, desenhar a silhueta do ator de amanhã...

Teria sido igualmente necessário levar em consideração práticas que não pertencem à esfera do teatro. O Théâtre du Soleil, com Ariane Mnouchkine, pode realizar uma arte da citação – do circo (*Les Clowns, 1789*); da *commedia dell'arte* (*L'Age d'or*); das dramaturgias japonesas (*Ricardo II*) ou indianas (*Noite de reis*), sem sair do universo do palco. Mas, hoje em dia, a arte do ator é igualmente determinada por outros fatores. O cinema, e mais tarde a televisão, introduziram na relação do ator com o espectador uma dimensão de *proximidade* e de *variabilidade*, do plano geral ao *close*, que enfatizam o poder expressivo do detalhe (o frêmito da mão, o bater dos cílios etc.) e, com isso, transtornaram a ideologia do natural de que falávamos: o "nosso" natural não é mais, com certeza, o de Diderot nem o de Stendhal. A familiaridade com esses novos meios de expressão transformou literalmente o olhar do espectador, um sistema implícito de exigências que o ator não pode se permitir ignorar. Daí uma mutação simultânea das técnicas de interpretação e dos valores estéticos. Ampliando mais ainda, não há de ser por acaso que as pesquisas de Grotowski sobre o ator coincidem com uma expansão da psicanálise, e a valorização do corpo que informa as práticas sociais, no Ocidente, repercute sobre a própria arte do ator de hoje.

É próprio do ator ser ao mesmo tempo um e múltiplo. Ele dá a cada um dos seus papéis a sua própria "griffe", ao mesmo tempo, se metamorfoseia de acordo com o que cada um desses papéis exige. Ele também é um e múltiplo por seus instrumentos de expressão: ele pode utilizar, simultaneamente ou um após o outro, os recursos da sua voz, do seu rosto, do seu gesto... E no entanto a sua interpretação é (em princípio) coerente, unificada. O ator é como uma orquestra de que ele seria ao mesmo tempo maestro! Torna-se pois um tanto arbitrário evocar sucessivamente os diversos "utensílios" do ator. Mas a preocupação com a clareza discursiva tornou esse arbítrio mais ou menos inevitável.

Dito isso, nos restaria repensar e, se possível, desmentir o ceticismo de um ilustre profissional acerca de um empreendimento como este:

> A literatura sobre o ator, proclamava Jouvet, é tanto mais estéril quanto se propõe a fixar o que não tem nem fundamento nem verdade, o fundo do seu estudo sendo o ilusório ou a ilusão (*op. cit.*, p.218).

1. A voz

Retrospectiva histórica

1. *A Grécia antiga*. Desde muito cedo, ao que parece, uma técnica vocal (e gestual) apropriada aos diversos gêneros foi elaborada. O *ditirambo*, por exemplo, mobilizava um coro de cerca de cinquenta pessoas (homens e crianças) que praticavam a dança e o canto sem figurinos nem máscaras. O mesmo coro reaparece no drama *satírico* de tonalidade burlesca. Os coristas, agora usando figurinos e máscaras, falam, cantam, recitam e utilizam aparentemente todos os recursos cômicos da voz.

Sabe-se também que a *parábase* da comédia (fala inicial dirigida ao público) exigia dos coristas o domínio de *sete* técnicas vocais específicas entre as quais a da *commation*, breve abertura cantada, a dos *anapestes*, solo falado do corifeu, a do *pnigos*, que era um amplo período dito sem tomar fôlego, provocando aparentemente um efeito de histeria cômica que reencontraremos, por exemplo, no *galimatias* medieval, nos discursos em linguagens incompreensíveis de Molière ou até mesmo nas tiradas mecânicas das primeiras peças de Ionesco. Como vemos, nada de muito novo no panorama teatral!

Por outro lado, pode-se supor que os episódios recorrentes de contestação (trágica ou cômica), as narrações (de batalha, de crime...) confiados ao personagem emblemático do Mensageiro apresentam formas específicas de declamação. Que a fala tivesse um caráter ritualizado não há nisso nenhuma surpresa: o teatro, em Atenas, era inseparável do culto de Dionísio; os atores e coristas eram considerados sagrados...

Havia certos problemas específicos: a representação, como sabemos, acontecia ao ar livre. É verdade que, assim como prova o admirável teatro de Epidauro, a acústica havia alcançado surpreendente grau de perfeição. Mas é lícito perguntar se, considerando a própria massa,* o público podia ouvir em silêncio atento representações que começavam de madrugada e eram reiniciadas à tarde. Comia-se e bebia-se (vinho) nos degraus... Enfim, tudo faz supor que aquele público se parecia mais com o dos estádios, ou melhor, das touradas, do que com o dos teatros que conhecemos. Com seus momentos de participação intensa, com sua veemência, com suas distrações... É preciso, pois, lembrar-se que foi nessas condições materiais que a arte da declamação desenvolveu-se e, assim sendo, o recurso à *máscara* pode ser explicado pela necessidade, para o intérprete, de dispor de um utensílio que ampliasse a sua voz.

A arte da declamação *stricto sensu* não parece originalmente separada do domínio de técnicas aparentadas às do canto. O ator tem que usar três tipos de fala: a dicção falada ou *cataloguè*, o canto propriamente dito ou *melos* e, intermediária entre estes dois modos, a *paracatalogué*, espécie de salmo agudo, *recto tono*, com acompanhamento de flauta. A partir de Eurípides, a declamação trágica se aperfeiçoa ou complica-se com sofisticados vocalises que exigem o auxílio de um compositor profissional.

2. *A cena trágica francesa.* Nos séculos XVII e XVIII, segundo inúmeros testemunhos, vai-se facilmente ao teatro para chorar. No século XVII, são os papéis "ternos" (em oposição aos "furiosos") que suscitam a compaixão. O magnetismo do ator, a sua "presença", com certeza contribuem muito para essa mobilização afetiva. Presença física, mas também presença vocal, como testemunham os

* O hemiciclo grego podia juntar cerca de 14 mil espectadores. Em comparação, um teatro à italiana só acolhe um número cinco a dez vezes menor.

triunfos de Mlle. de Champmeslé, intérprete preferida de Racine. Um contemporâneo, o autor dos *Entretiens galans*, observa que, quando essa ilustre atriz representava, "ficava-se compelido a derramar lágrimas, por maior que fosse a força de espírito de qualquer um e por mais que se lutasse contra si mesmo".

Com a repetição, certas situações se tornam estereótipos cuja eficácia emocional é comprovada. O intérprete precisará dominar a técnica vocal apropriada a essas situações e, em função de suas possibilidades, ele se especializará num ou noutro tipo de papel. Pois ele sabe que terá de mostrar sua capacidade em algumas cenas especiais: os debates políticos à maneira grandiloquente de Corneille mobilizam o gênio oratório do ator: polêmica vocal, nobreza sustentada de entonação, convicção etc. As cenas de "reconhecimento" são feitas à base do patético da surpresa – suspiros, exclamações, gritos... Os episódios de "ternura" (confissão amorosa...) privilegiam os efeitos de timbre, a musicalidade da fala...

O risco é evidente: a recorrência às mesmas situações acarreta uma mecanização da interpretação. A declamação vai se tornar puro virtuosismo. A partir do século XVIII, o problema estará colocado. O famoso culto da "sensibilidade" provoca uma tomada de consciência do fenômeno: a técnica vocal é ao mesmo tempo necessária e insuficiente. Em seu *Cours de déclamation*, Larive exige da atriz trágica um domínio perfeito da voz utilizada em seu registro *médio* com meios-tons para cima e para baixo. Ao mesmo tempo, diz ele, esta técnica de vocalização precisa ser avalizada por um compromisso pessoal irredutível com certas receitas. Pois, segundo ele, a declamação nada representa sem as lágrimas que devem surgir "naturalmente"...

Esta tomada de consciência é indissociável de uma queixa que vai então ser manifestada com crescente insistência: não existe ação na cena trágica, mas apenas "discurso" e "efeitos". Rousseau disse:

Habitualmente, tudo se passa com belos diálogos, bem-escritos, bem bombásticos, em que se percebe antes de mais nada que a preocupação primordial de cada interlocutor consiste sempre em brilhar (*La Nouvelle Héloise*, 1761).

Mas Rousseau é apenas o reflexo de uma desconfiança cada vez maior em relação a uma tradição cujo desgaste deixa patentes os seus artifícios. Melhor dizendo, naquilo que deslumbrava ou enternecia o seu avô, o espectador percebe agora o processo de fabricação. Ouçamos o modo irônico com que Favart nos fala do ator trágico do seu tempo:

Je prends une attitude, et fort bas je commence;
Ma voix en même temps s'élève par éclats;
Je balance le corps et j'agite les bras ...
Tantôt de mes deux bras décrivant un ovale,
J'en impose aux humains du ton sacré des rois,
*Et je mugis des vers, en étouffant ma voix.**
(L'Acajou, 1741.)

Por isso mesmo, quando, em 1773, Louis-Sébastien Mercier quer definir as condições de produção desse *patético* tão ao gosto do século XVIII, é sintomática a sua opção de privilegiar a parte propriamente física e mímica da interpretação em detrimento da tradição vocalizante:

Se você quiser me fazer ouvir os suspiros do infortunado, coloque-o debaixo dos meus olhos, a fim de que possa ver os trapos que o co-

* Tradução livre: Assumo uma atitude e muito baixo começo, / Ao mesmo tempo minha voz se levanta estrepitosamente / Balanço o corpo e agito os braços ... / Logo a seguir meus dois braços desenham uma forma oval, / Imponho aos humanos o tom sagrado dos reis / E vou mugindo os versos, estrangulando minha voz.

> brem, ouvir os seus gemidos: o olhar sombrio, a palidez que cobre o seu corpo trêmulo, os cabelos que escondem a cabeça baixa, me ocultam o rosto de um irmão... (*Du théâtre*).

Talma (1763-1826) vai tentar regenerar a tradição do grande estilo declamatório, insuflando-lhe alguma coisa do patético tão em moda. Ele vai introduzir, na interpretação trágica, uma violência à flor da pele, contrastes exacerbados, e tentar arrebentar aquilo que as jovens gerações consideram agora como o rom-rom acadêmico do gênero. Mme. de Staël escreveu, em 1810: "Ele se recusava a dobrar a sua dicção às servidões do alexandrino; ele não aceitava cantar sobre determinadas notas, rejeitava os cortes por demais simétricos, as necessidades da censura" (*De l'Allemagne*, II, cap.27). Até mesmo as críticas que lhe são feitas pelos defensores da tradição reconhecem a sua preocupação em "patetizar" o personagem trágico para trazê-lo de volta à vida. Ele grita, ele é natural "demais"!, diz Geoffroy. Nos "furores" de Orestes, ele faz grande sucesso mas "tem a extravagância de um louco de asilo"...

Desde essa época, os termos de um debate fundamental estão colocados: será que a voz deve ser esse instrumento trabalhado, utensílio essencial senão único de um virtuose da declamação, meio de estilização deliberada? Será que, através de artifícios, ela deve se transformar em eco teatral dos artifícios formais encontrados no texto dramático? Ou será que, ao contrário, ela deve reproduzir mimeticamente a "vida", ser o reflexo de uma "realidade humana"? Mas, afinal de contas, talvez se trate apenas de um falso debate: os atores mais "realistas" não podem prescindir de uma técnica vocal elaborada; quanto aos "declamadores", eles não conseguem impor-se a não ser pela sensibilidade, pela precisão e autenticidade das suas interpretações. Mas esse debate nunca mais vai deixar de estar na ordem do dia...

A vocalidade contemporânea

1. *As condições ideológicas e técnicas.* Um dos paradoxos do teatro de hoje é certamente que o trabalho do ator, especialmente sobre a voz, permanece subordinado a uma mitologia do "natural", embora sua dimensão ideológica seja bem conhecida e sempre denunciada. Pois, na verdade, o que impressiona é exatamente o caráter "não natural" de uma dicção considerada originalmente como uma realização no caminho do mimetismo.

É o que acontece, por exemplo, com a dicção parisiense dita *boulevardière* que Stanislavski, no final do século XIX, considerava como o cúmulo da precisão expressiva. Ora, em sua tonalidade levemente histérica (o ator de teatro de *boulevard* fala rápido e alto, como se temesse a toda hora que o ritmo e o interesse caiam por sua culpa!), cantante, afetada (os estereótipos do "chique" parisiense...), esta vocalidade nos parece, hoje, merecedora de descrição e análise históricas, produto de um sistema de valores (a "classe", a elegância, a distinção...) eles mesmos datados, e não mais, certamente, como modelo de "natural" e de fidelidade mimética ao real...

Há muito tempo que os escritores recusaram esta ideologia. Gide escreveu, em 1902: "O grande erro dos atores, hoje em dia, quando representam Racine, consiste em tentar fazer triunfar o natural onde deveria triunfar a arte." Embora por motivos diferentes, teóricos e práticos como Craig, e depois Artaud e Brecht, também se tornarão seus acusadores. E, hoje em dia, de Roland Barthes a Giorgio Strehler, o caráter histórico, e consequentemente relativo, desta noção de "natural" (de "verdade") é mais ou menos reconhecido por todos:

> Cada ator, em cada época, se opõe ao ator que o precedeu e o "reforma" na base da "verdade". O que era ou parecia simples vinte anos antes se torna retórico, enfático, vinte anos mais tarde. A coletividade emite

> julgamento segundo o critério de verdade do "seu" momento histórico: quem se situa fora desse momento representa mal. Não existe, pois, verdade "única" para o ator (Giorgio Strehler, *Un théâtre pour la vie,* 1980, p.154).

E se é verdade que alguns dos melhores atores de hoje se conscientizaram dessa historicidade e assumiram, consequentemente, uma atitude mais lúdica em relação a este condicionamento ideológico, é certo também que a categoria do "natural" continua sendo, para a maioria do público e para um grande número de profissionais, um dos critérios principais pelos quais avalia-se o trabalho do ator.

Seria o caso de atribuir a essa ideologia um sensível declínio do domínio vocal nos dias de hoje? Realmente, ela contribuiu para tornar progressivamente desacreditada (pelo menos junto ao público) a arte da *declamação.* O aprendizado das técnicas de *dicção*, especialmente árido, também sofreu com esta desvalorização. Afinal de contas, o melhor meio de parecer "natural" não seria simplesmente falar no palco como na vida?

Não se trata aqui, é bom ressaltar, de um julgamento que teria a ver com opções estéticas mais ou menos pessoais, mas da questão objetiva da *técnica vocal.* É óbvio, por exemplo, que certos atores de hoje têm frequentemente dificuldades em "dizer" corretamente uma fala um pouco maior. Respirações malcolocadas, sílabas engolidas etc. são manifestações muito comuns. Pior ainda, o discurso, às vezes, não é audível o tempo todo. Domínio técnico deficiente, mas também fragilidade vocal: a voz precisa ser treinada como o músculo do atleta. Ela precisa se desenvolver em potência, aprender a resistir ao cansaço. Na falta de uma preparação adequada, a voz, muito cedo solicitada além das suas possibilidades, não possui mais o volume necessário para certos papéis. Muito rápido, rápido demais, o ator é obrigado a representar no limite dos seus meios. E não é só a clareza da elocução que sofre, mas também a interpretação em sua totalidade, na medida em que as melhores intenções, no teatro, se voltam contra o ator cujos recursos não têm o tamanho das suas ambições.

As causas dessa decadência? Antes de mais nada, é preciso recusar a ideia excessivamente mecanicista segundo a qual o desenvolvimento de um certo virtuosismo corporal que, veremos adiante, caracteriza a geração atual, só poderia se fazer em detrimento do domínio vocal. Mil exemplos demonstram o contrário...

Sem chegar a invocar o teatro chinês ou japonês, pode-se lembrar que a *commedia dell'arte* mobilizava atores que tanto tinham a capacidade de se transformar em bailarinos e acrobatas como em cantores ou declamadores. Mais perto de nós, a comédia musical americana alcançou o sucesso que se sabe graças ao triplo virtuosismo dos seus intérpretes que dançam, cantam e representam ao mesmo tempo. Enfim, a evolução recente da cena lírica provou que os maiores cantores podiam ser ao mesmo tempo excelentes atores (pensemos em Maria Callas, Tito Gobbi, Elisabeth Schwarzkopf etc.). O último exemplo é particularmente sugestivo pelo fato de que o gênero lírico obriga o cantor a dominar uma técnica vocal infinitamente mais complexa do que a do ator.

Melhor seria alinhar aqui um conjunto de determinações ao mesmo tempo estéticas, técnicas e sociológicas:

1) Por motivos econômicos, o jovem ator nem sempre tem meios de realizar um treino a longo prazo e de qualidade.

2) A partir de 1968, começou a se realizar o sonho outrora formulado por Artaud de um teatro fora dos muros, completamente cortado da tradicional arquitetura dita "à italiana".

É nessa época que o Théâtre du Soleil instala-se nos galpões abandonados da Cartoucherie de Vincennes; Luca Ronconi apresenta o seu *Orlando Furioso*, hoje em dia histórico, num dos pavilhões metálicos de Baltard, nos Halles de Paris. E, muito recentemente, o *Dell'Inferno* de André Engel (1982) atraía o espectador para uma fábrica abandonada, transformada em labirinto aquático que ele explorava de barco!

O inconveniente desses novos locais de representação, ricos outrossim em extraordinárias potencialidades teatrais (cenografia de "geometria variável", relações "moduláveis" com o espectador...), é que a sua acústica é frequentemente defeituosa. É preciso não esquecer que o arquiteto do palco à italiana levava em consideração os dois imperativos fundamentais do teatro, arquiteturalmente opostos, de uma visibilidade e de uma acústica igualmente perfeitas. É por isso que, frequentemente, é preciso debitar a um espaço não adaptado ao teatro certas falhas que tendemos a imputar ao ator. Mas seria necessário, pelo menos, que o ator tivesse consciência do problema e procurasse resolvê-lo. É coisa notória, por exemplo, que o pátio do palácio dos Papas, onde foram realizadas as primeiras representações do Festival de Avignon, e depois a imensa nave de Chaillot, apresentaram delicados problemas de acústica para o Théâtre National Populaire (TNP) de Vilar. Dessas dificuldades resultou uma maneira de declamar estilizada que fez sensação porque conciliava virtuosismo vocal e modernidade de interpretação. É verdade que os atores do TNP pertenciam a uma geração cujos mestres haviam conservado o culto do trabalho da voz: Vilar era aluno de Dullin, Gérard Philipe, de Georges Le Roy, que possuía um conhecimento direto da técnica de vocalização dos monstros sagrados do início do século. E, desde 1942, Vilar havia reafirmado a importância primordial da *dicção*:

> Crer. Adaptar o próprio corpo a esse dom de crença. E depois a dicção, essa faculdade da alma. Nada mais, me parece (*Le Théâtre, service public*, p.287).

3) A arte do ator é condicionada pelo gosto do público e pelas práticas dos meios de comunicação de que participa. Hoje em dia, está praticamente excluída a possibilidade de um ator se sustentar trabalhando apenas no teatro. Ele precisa se adaptar a outras mídias, sendo as principais o cinema (filmes de arte, filmes de publicidade, filmes de televisão, dublagem...) e o rádio (novelas, debates, comentários de filmes...). Todas essas práticas, podemos constatar, têm por base o princípio de uma proximidade visual e/ou auditiva máxima entre o intérprete e o público, assim como a utilização de todos os recursos do microfone e da sonorização.

Em outros termos, os artifícios inerentes a uma boa dicção cênica se tornam, na tela e no rádio, fatores que levam a uma quase caricatura. A técnica vocal própria dessas mídias, acrescida da ideologia do "natural" que prevalece fortemente nesse setor de atividade, obriga o ator a adotar uma dicção intimista que o torna no palco, em compensação, mais ou menos inaudível. Pois o vaivém entre exigências muitas vezes opostas lhe exige uma constante faculdade de adaptação. Não é raro também que um grande ator de teatro seja considerado excessivamente "teatral" quando representa no cinema. Quem pode mais nem sempre pode menos! O inverso não é menos verdade e admiráveis "monstros" de cinema serão decepcionantes no palco. Exemplos do primeiro tipo: Pierre Brasseur, Vittorio Gassmann... E do segundo: Arletty, Simone Signoret...

Os anos 80 talvez estejam trazendo uma renovação nesse campo. Quer tentando práticas não ocidentais (Ariane Mnouchkine na sua série de montagens shakespearianas) ou voltando-se para o próprio passado do teatro francês (Antoine Vitez com Molière ou Racine), o diretor está redescobrindo a poderosa teatralidade da voz e a riqueza das suas potencialidades.

Quando Vitez aborda o problema da declamação trágica, por exemplo, não são os grandes órgãos dos monstros sagrados do início do século que constituem seu ponto de referência – a capacidade vocal dos intérpretes atuais seria, provavelmente, insuficiente –, mas o próprio nascimento da dicção trágica do século XVII, limpa do *pathos* que havia sido, pouco a pouco, transformado em tradição. Uma volta, pois, a uma dicção cantada onde o timbre assume tanta importância quanto as inflexões, expressividade moderada e harmoniosa de acordo com a estética das "conveniências". É preciso salientar que este trabalho não deve ser considerado como uma volta ao "natural", mas, pelo contrário, como uma abordagem dentro de uma perspectiva histórica: para um texto específico, há necessidade de uma dicção apropriada:

> Seremos implacáveis com o alexandrino. Havemos de nos exercitar na rejeição e na inversão sem jamais transgredir as leis da arquitetura prosódica. Nem pensar em representar o teatro de Racine tentando fugir ao problema do alexandrino. Racine, sem o verso, perde forma e sentido. Desperdício fatal! Permaneceria a intriga, funestamente alterada (Antoine Vitez, *Le Monde-Dimanche*, 11/12 de outubro de 1981).

2. *O aprendizado e o treinamento.* Aprendizado de uma técnica, treinamento sistemático da voz, eis duas obrigações que se impõem ao ator; sobretudo porque a utilização das cordas vocais, da laringe etc., na realidade cotidiana, não corresponde às exigências específicas da comunicação teatral. Realmente, a "projeção" da voz, o seu alcance, a variedade das suas inflexões... são fatores determinantes no famoso fenômeno de "presença", tão importante no teatro. E esse fenômeno acontece, em parte, porque o espectador acha-se como atravessado pelas vibrações dessa voz...

Por outro lado, é essencial que o ator não trabalhe no máximo da sua potência vocal, a fim de não arriscar-se a desagradáveis acidentes de percurso. O treinamento assegura o desenvolvimento desta potência, que não lhe é necessariamente dada pela natureza.

Também lhe confere o domínio dessa potência. E ensina a poupá-la para que seja capaz de sobreviver à prova da resistência representada pelo tamanho de um papel e suas exigências expressivas.

Terceiro objetivo deste trabalho: aprender a emitir sonoridades e inflexões que não pertencem aos hábitos cotidianos. O que quer dizer, no fundo, reencontrar a magia do canto ou do uso litúrgico da vocalização. Grotowski salientou o quanto essa magia, essa prática que o espectador sabe ser incapaz de reproduzir, é essencial ao prazer do teatro.

Deste treino complexo, só se poderia dar aqui uma ideia sucinta: trata-se, para o ator, de aprender a controlar a abertura da laringe, a circulação de ar nos órgãos da fonação, já que esta assegura a "projeção" da voz. Há muito, todos os artistas do palco vêm enfatizando a importância deste controle do sopro. A tal ponto que, para melhorá-lo, alguns pedagogos não hesitam, hoje em dia, em aumentar e renovar os métodos tradicionais. A escola americana encoraja o estudante de teatro a praticar o canto e a dança no nível profissional. Enquanto isso, Grotowski inspira-se na ioga ou em técnicas criadas pela tradição teatral chinesa.

Este controle não constitui apenas o fundamento do domínio vocal. Ele poderá reger até mesmo a estética da interpretação: seria possível dizer alexandrinos clássicos ou versetos de Claudel sem se dobrar ao ritmo específico que implicam, isto é, sem distribuir de modo harmonioso e rigoroso as pausas de voz necessárias à respiração. "O bom ator", diz Grotowski, "respira em silêncio e rapidamente." São por demais numerosos os exemplos de atores que, por falta desse controle, perdem o fôlego a ponto de serem obrigados a introduzir, na fala, uma ruptura inadequada (o impulso do texto se perde) e/ou ilógica (não tem nenhuma legitimidade de sintaxe). Não há de ser por acaso que se exigia tradicionalmente que o jovem ator francês fosse capaz de dizer dois alexandrinos (vinte e quatro sílabas) sem retomar fôlego. Nada mais chocante, para o ouvido, do que esta respiração pequena, mecânica, que, sendo reproduzida a cada doze sílabas, confere ao verso clássico aquela música monótona e ronronante tão criticada. Nada mais chocante também do que as respirações barulhentas (malcontroladas) que introduzem na música de um texto sonoridades parasitárias esquisitas. São estas as razões que fazem com que o controle do fôlego e a aquisição de uma respiração silenciosa sejam, no teatro, imperativos absolutos.

Enfim, os relaxamentos de ritmo que, às vezes, são percebidos no desenrolar de uma cena podem também originar-se num domínio respiratório deficiente. Sabemos, por exemplo, o quanto é importante em certos episódios cômicos, cuja eficácia depende de um ritmo certo, que o ator que "ouve" tome fôlego antes que termine a fala do seu parceiro a fim de poder responder imediatamente. Se esperar para respirar no momento em que o companheiro lhe "der a deixa", ele introduzirá no diálogo um minúsculo silêncio que, principalmente se for repetido, acarretará uma defasagem, uma perda de ritmo nefasta para o impacto cômico. Os intérpretes de Feydeau que o digam!

Um bom ator dispõe de várias "vozes". A teoria grotowskiana dos "ressoadores" não tem nenhuma validade científica. Ela traduz, de modo metafórico, uma realidade de experiência: o ator tem a sensação de que, de acordo com o impulso dado à coluna de ar que ele inspira ou expira, a sua voz passa por uma determinada parte do seu corpo que age como um amplificador e como um fator de colorido. Existiria um número mais ou menos ilimitado de ressoadores. A sua utilização dependeria do controle que o ator é capaz de exercer sobre o seu organismo. Na terminologia grotowskiana, os principais e os mais frequentemente utilizados são:

- o ressoador superior ou *craniano*: na prática ocidental, é o mais familiar; ele governa o registro agudo da voz e produz o que é chamado, no jargão do teatro, a voz "de máscara";

- o ressoador *peitoral*: corresponde ao registro grave da voz;
- o ressoador *nasal*: observemos que a maior parte das escolas de atores considera a voz anasalada como defeituosa e procura eliminá-la;
- o ressoador *laríngeo*, utilizado, por exemplo, no teatro japonês: produz uma voz rouca, gritada, frequentemente sincopada;
- o ressoador *occipital*: constitui o trampolim de um registro superagudo frequentemente observado no teatro chinês.

Uma das singularidades do teatro contemporâneo reside em ter (re)descoberto esta vocalidade plural que a tradição psicologizante e mimética explorou muito pouco.

3. *Do domínio técnico à invenção criadora.* O trabalho da voz precisa resultar num domínio de tal ordem que a sua utilização pareça ao mesmo tempo totalmente espontânea e inteiramente submissa às exigências do papel. Em outras palavras, o ator precisa enfrentar o seguinte paradoxo: na representação mimética, uma recitação rigorosamente calculada constitui ao mesmo tempo um objetivo a ser atingido e uma impossibilidade estética. Pois a voz precisa traduzir espontaneamente reações espontâneas, e é só assim que o personagem ganha existência.

É preciso reconhecer que, sob esse aspecto, certas falhas técnicas podem, eventualmente, adquirir uma indiscutível eficácia dramática. Seria absurdo excluir dogmaticamente as falas que se aceleram sob o efeito da emoção, as forças vocais momentaneamente quebradas pela tensão... A dicção, a priori defeituosa – sincopada, seca, monótona –, de Jouvet tornou-se, como sabemos, uma das características principais da sua personalidade de ator e talvez da modernidade das suas interpretações. E os puristas não deixavam de recriminar Vilar por "despejar" seu texto, isto é, dizê-lo de maneira corrida e inexpressiva, quando ele estava cansado. Acontece que, embora se tratando de um defeito, do ponto de vista acadêmico, o público desprevenido e pouco atento a essas questões de técnica ortodoxa não deixava de perceber a força e a beleza da declamação estilizada que Vilar extraía do seu "defeito".*

Os exercícios de escola têm igualmente a função de desenvolver a variedade dos registros e o mimetismo vocal. Para os profanos, pode parecer incongruente pedir ao aluno que reproduza ruídos naturais (cantos de pássaros, por exemplo) ou mecânicos (roncos de motores...). É porque o teatro gosta de brincar com a identidade dos personagens, e consequentemente com as vozes e os sotaques.

O Escapino de Molière, na famosa cena do "saco", precisa ser, ao mesmo tempo, ele mesmo e o "Gascão" ou o "Suíço" que ele finge ser para Géronte. O final da cena, sob esse aspecto, é imperativo: "ele imita várias pessoas ao mesmo tempo", especifica Molière quando Escapino anuncia a chegada "de uma meia dúzia de soldados". É evidente a dificuldade: ou o autor possui o virtuosismo necessário para representar simultaneamente *seis* vozes diferentes da sua, e a cena termina em fogo de artifício, ou ele não tem essa capacidade, e toda a dinâmica cômica da cena deixa de funcionar. Problema análogo acontece no último ato de *As bodas de Fígaro*, de Beaumarchais, quando o sabor da peça depende da capacidade das intérpretes da condessa e de Suzanne de reproduzirem cada uma o timbre e as inflexões da outra...

A *dicção* e a *articulação* precisam ser diferenciadas. A primeira permite ao ator fazer ouvir completamente e entender materialmente o discurso do seu personagem. As necessidades da dicção

---

* Valeria lembrar que Molière, o "Patrono" dos atores, sofria de uma "volubilidade da língua que acelerava por demais a sua declamação" (segundo Mlle. Poisson, filha de um dos atores da sua *troupe*) e de um "soluço" (ou sibilo) talvez resultante das dificuldades respiratórias provocadas pela tuberculose que iria matá-lo. E que ele soube transformar tais "defeitos" em eminentes virtudes cômicas.

submetem a voz a um tratamento que a torna mais ou menos artificial em relação ao que ela é na realidade (vogais "expelidas", consoantes "mastigadas", palavras fragmentadas por sílabas etc.). No teatro, uma boa dicção não é necessariamente uma elocução viva, mas a articulação ajuda a transpor esse obstáculo. A articulação é uma técnica de *expressão*. Melhor seria, aliás, falar de modos específicos de articulação, pois não há dúvida de que a voz de um personagem se define por uma pluralidade de articulações determinadas por vários fatores: idade, temperamento, situação social etc. Um mesmo papel poderá exigir que se recorra a vários modos de articulação no decorrer da representação. É o caso, por exemplo, dos personagens cuja vida inteira é retratada pela peça: o Peer Gynt, de Ibsen, por exemplo, ou o Galileu, de Brecht.

O trabalho da articulação justifica certos exercícios de escola como a paródia de personagens célebres, a sugestão vocal de certos tipos humanos (o hipócrita, o ciumento, o tímido etc.).

A problemática da articulação talvez esclareça a famosa oposição entre "comediante" e "ator", que Diderot formulava em seu *Paradoxo do comediante*: o "comediante", camaleão frio e calculado, capaz de encarnar os mais opostos personagens, seria aquele possuidor da mais rica técnica de articulação. Esta técnica permite que, a cada vez, ele seja diferente de si mesmo, e cada vez completamente outro. O "ator", em comparação, que representa com a "alma" e insufla em seus personagens o seu próprio temperamento, disporia de uma técnica de articulação menos requintada e desenvolveria a sua personalidade de intérprete por outros meios...

O ator também precisa saber *modular* a sua voz e controlar a sua *colocação*, assim como suas *descolocações*. Na tradição ocidental, como já dissemos aqui, a voz se coloca principalmente "na máscara", o que permite melhor desenvolvimento de sua potência, flexibilidade e "projeção". Mas um bom ator deve também ser capaz de "deslocar" voluntariamente a sua voz, o que significa passar sem dificuldade de um sistema de ressonância a outro. Não se trata de simples busca de virtuosismo. O teatro ocidental procura "reproduzir a vida" e, como é fácil observar, "na vida", espontaneamente, inconscientemente, os indivíduos "descolocam" a sua voz conforme as situações, as emoções...

> A voz, diz Jean-Louis Barrault, parece "cair na garganta" sob o efeito do desejo amoroso (a voz adquire um timbre específico); sob o efeito do medo, ao contrário, ela se abre e vibra particularmente no nariz; nas falas autoritárias, ela utiliza, de preferência, o palato etc. (*Mise-en-scène de Phèdre*, p.59).

O teatro dos últimos anos tem procurado verificar algumas hipóteses formuladas, desde o início do século XX, por teóricos como Craig e, mais tarde, Artaud. A voz do ator ocidental, consignavam eles, possui potencialidades que a tradição mimética não utilizou, e que poderiam ser colocadas a serviço de um teatro novo.

Nos anos 30, Artaud sonhava tratar a voz do ator como um instrumento de música. Ele lamentava que a tradição ocidental a tivesse praticamente atrofiado. Na França, os atores "nada mais sabem a não ser falar"; "esqueceram-se de como usar a sua garganta" (*O teatro e seu duplo*). Segundo ele, a voz não deveria ser reduzida a simples veículo de sentimentos ou ideias. É necessário utilizá-la em sua plenitude física, como um órgão dotado de poder de comunicação e perturbação independente da mensagem que enuncia, e é nisso que reside a sua eminente teatralidade.

> Abandonando as utilizações ocidentais da palavra, ela [a linguagem de teatro] faz sortilégios com as palavras. Ela empura a voz. Utiliza vibrações e qualidades da voz. Marca ritmos alucinados. Martela sons. Procura exaltar, entorpecer, encantar, estancar a sensibilidade. (*Op. cit.*, "Le Théâtre de la Cruauté, premier manifeste".)

O teatro de vanguarda nos Estados Unidos, as pesquisas de Grotowski, todas as experiências que a França descobre nos anos de 1965 a 1970, vão incitar os jovens atores, estimulados por certos diretores (Jean-Marie Patte, Michel Hermon etc.), a aprofundar, neste sentido, o trabalho da voz. Basta citar algumas das realizações que, neste plano, causaram impacto e se tornaram marcos na transformação da arte do ator na França: espetáculos do Living Theatre (*The Brig, Frankenstein, Paradise Now...*), do Teatro Laboratório de Wroclaw (*O Príncipe Constante, Akropolis*), *As criadas* de Genet nas encenações tão diferentes entre si como as de Victor Garcia e Jean-Marie Patte etc.

Mais recentemente, o trabalho de vocalização inspirado no Théâtre du Soleil pela tradição japonesa (*nô, kabuki...*) para *Ricardo II* e *Henrique IV* de Shakespeare (1982-1984) pode ser situado neste movimento de ruptura com o detalhismo psicológico francês e de ressurgimento dos poderes físicos da voz.*

A vocalidade dos anos 80 tende assim a revalorizar o virtuosismo. Ela devolve o prestígio à arte da declamação até então esquecida ou desacreditada, com os refinamentos técnicos em que implica: dizer um texto "crescendo" ou "diminuendo", destacar as sílabas "staccato" ou fundi-las num só jato ("legato") exige um perfeito controle da emissão e da respiração e aproxima o trabalho do ator do processo do cantor. Há, neste plano, uma convergência entre a vontade de reativar uma tradição de prestígio e a ambição pós-artaudiana de inventar um teatro que atire o espectador "como num turbilhão de forças superiores". Os dois projetos se apoiam num virtuosismo vocal irretocável, pois a presença da magia pressupõe a perfeição da técnica.

---

* Não será talvez por mero acaso que esta evolução coincide com dois fanatismos do público (seria mais exato, aliás, dizer dos públicos): fanatismo pela ópera e especialmente pelo "bel canto"; fanatismo pelo *rock* e suas manifestações de massa, onde o poder de envolvimento mágico da voz é multiplicado pelas modernas técnicas de sonorização e de estímulo visual.

Na tela (cinema ou televisão), o problema da voz deve ser tratado e solucionado pelo ator em termos completamente diferentes. E isto por, no mínimo, cinco razões:

1) Não existe propriamente um texto de cinema, como se define um texto de teatro: os diálogos estão estreitamente integrados à imagem, à direção. Fora delas, salvo raríssimas exceções "literárias" (Marguerite Duras, por exemplo), eles não têm vida. A prova é que jamais se faz um novo filme a partir de um mesmo roteiro e diálogo (cada nova realização cinematográfica de uma determinada história baseia-se sempre num novo roteiro e em novos diálogos). No teatro, ao contrário, é um mesmo texto que dá origem a uma infinidade de encenações e interpretações diferentes.

2) A organização material da filmagem impõe a necessidade de fragmentar o diálogo em função de exigências (cronograma, locações etc.) que não têm nada a ver com a continuidade da ação. Seria portanto difícil conceber um verdadeiro trabalho de voz se o ator está condenado a dizer, a cada tomada, algumas réplicas isoladas de seu contexto dramático.

3) As práticas quase que exclusivamente miméticas do cinema fazem com que o predomínio do "natural" na interpretação imponha um "natural" correspondente da dicção e da vocalização. Com exceção de algumas pesquisas vanguardistas, Eisenstein, Robert Bresson, Marguerite Duras etc., a vocalidade cinematográfica exclui qualquer estilização diferente da que remete às maneiras de ser contemporâneas. Mas essas maneiras de ser, convenhamos, são frequentemente moldadas ao estilo dos astros mais populares: Jean Gabin, James Dean, Brigitte Bardot… No fim, não se sabe muito bem se é o cinema que imita a "natureza" ou a "natureza" que imita por sua vez o cinema!

4) As técnicas muito elaboradas de gravação de som fazem com que o trabalho de voz escape em parte ao controle do ator. Isto se aplica particularmente ao caso da pós-sincronização, mesmo

quando, como acontece na Itália, o ator grava (ou regrava) sua própria voz depois da filmagem.

5) A gravação de som permite ou impõe um trabalho de voz de menor complexidade do que em teatro. No caso, a banalidade e a rotina são antes trunfos do que defeitos, e o são tanto mais quanto mais plenamente forem reconstituídas pela gravação. Assim o ator não precisa mais dominar, como no teatro, o problema da distância que o separa do espectador nem o da acústica da sala. São os técnicos que organizam e estruturam seu "espaço". Tudo, até o mínimo suspiro, é para ele meio de expressão, e ele deve se colocar sempre a questão do excesso, mais que a da insuficiência: esta entonação que nem mesmo se ouviria em cena, ouve-se contudo demais na tela, e o que no teatro passaria por sobriedade vira canastrice no cinema!

Contudo, neste contexto específico, alguns grandes atores impuseram-se por uma presença vocal que reforça a presença de sua imagem e é reforçada por esta. Mas esta presença deve-se essencialmente às qualidades singulares e imediatamente reconhecíveis de um timbre ou de uma maneira de falar: a voz grave e rouca de Marlene Dietrich, as entonações veladas e anasaladas de Gérard Philipe. Certas particularidades da dicção vêm realçar a força expressiva ou a sedução do timbre: é o efeito inimitável de Arletty, apoiado numa dicção arrastada e anasalada e num timbre de grande sensualidade; do mesmo modo que a dicção trêmula de Michel Simon convinha perfeitamente a seu timbre áspero...

É certo que o cinema reproduz, e por vezes exalta, particularidades vocais que, como o olhar e o sorriso, definem a imagem do ator, enquanto o teatro se apoia num trabalho de estilização e de transformação da voz natural.

2. O GESTO

Retrospectiva histórica

Originalmente, a gestualidade parece dominar a cena cômica. É o que constata o famoso estudo de Bergson sobre o riso: "As atitudes, os gestos e os movimentos do corpo humano são risíveis na exata medida em que este corpo nos lembra uma simples mecânica." A verdade é que de Arlequim a Groucho Marx, atores de farsa e *clowns* são geralmente virtuoses do gesto e do movimento, algumas vezes mímicos e acrobatas...

1. *A tradição da pantomima.* A atelana, do período romano, era um gênero farsesco que prenunciava a *commedia dell'arte.* Ela usa uma galeria de tipos fixos - o parvo, o velhote libidinoso, o corcunda astuto etc. - e uma improvisação sobre o roteiro. Quer dizer, o diálogo é reduzido ao mínimo funcional e deixa livre trânsito à fantasia gestual do ator.

A arte do gesto alimentou da mesma forma o cômico medieval. Desde o século XII encontramos, na França e na Itália, jograis itinerantes cujas práticas gestuais e miméticas eram bastante próximas, ao que parece, do gestual do *clown*, do artista de *music-hall* ou hoje, de um Dario Fo, que brinca com a relação entre o ator e um público explicitamente reconhecido como parceiro, e até como interlocutor. O ator aqui se torna o narrador de uma ação, encarnando, ao mesmo tempo, seus personagens. Para empregar a terminologia brechtiana, ele passa da forma *dramática* à forma *épica.*

A gesticulação burlesca ou acrobática e a pantomima eram, de certa forma, impostas ao ator pelas condições materiais da representação: aquele teatro ao ar livre que se dirigia a multidões de milhares de espectadores impunha tamanhas distâncias visuais e acústicas que uma representação feita de sutilezas era um tanto impraticável. A imensa área de representação oferecia, em compensação, um espaço apropriado ao desenvolvimento de toda uma comicidade gestual e corporal à base de danças, acrobacias, correrias de grupos de bufões... Comicidade espetacular perfeitamente adequada ao caráter espetacular do teatro medieval.

2. *Os "lazzi" da "commedia dell'arte".* Existe, nesta representação *all'improvviso,* um constante risco de "buraco", de "vazio": o tempo pode afrouxar, a ação emperrar, o ator carecer provisoriamente de inspiração dramatúrgica... O *lazzi** é um recurso e um socorro. Na terminologia contemporânea, seu equivalente é o *gag.* Podemos defini-lo como um momento da representação mais ou menos autônomo. Ele se organiza em torno de uma ação gestual – que vai da careta à acrobacia-sustentada, se for o caso, por um suporte textual (jogos de palavras, trocadilhos, obscenidades etc.) e alguns acessórios.

A engenhosidade do ator, seu virtuosismo, seu senso de ridículo... podiam aí ter livre trânsito. O *lazzi,* para ele, era uma afirmação de liberdade criadora. A tradição perpetuou os inumeráveis tipos de *lazzi*: graças ao pequeno saco cheio d'água escondido na bochecha, Arlequim molhava todos os que o esbofeteavam; Scaramouche foi, ao que parece, capaz de dar uma bofetada com o pé até a idade de... 83 anos! Vários Arlequins (Biancolelli na época de Molière, Thomassin no tempo de Marivaux...) foram célebres pelo *lazzi* do copo de vinho: tratava-se de dar uma pirueta com um copo de vinho na mão sem entornar uma só gota.

---

* *Lazzi* – pequenas cenas de improvisação cômica em cima de um trecho do roteiro básico, na *commedia dell'arte* clássica. (N.T.)

O impacto do *lazzi* vem apimentar o sabor do cômico. Sua função seria de certa forma técnica: ele realiza uma forte concentração de interesse e permite assim aos atores retomarem o controle e relançarem a representação *all'improvviso.* Mas logo a popularidade dos *lazzi* desloca essa função inicial para segundo plano. Eles se tornam a própria finalidade da representação, o elemento a que todo o resto deve estar subordinado...

3. *Do século XVII ao XIX, gestualidade e realismo.* Seria evidentemente ingênuo pensar que a questão do gesto se coloca apenas para o ator cômico. O teatro "sério" tem sua gestualidade própria, e certos depoimentos antigos mostram que o público sabia apreciá-la. Contemporâneo de Molière, o autor de *Entretiens galans* evoca assim Armande Béjart e La Grange, dois dos principais atores da companhia: "Seu exterior tem qualquer coisa que se impõe, seu porte é sedutor e sua representação imita tão bem a natureza que eles fazem por vezes cenas mudas que deliciam a todo mundo."

Entretanto, é principalmente a crítica ao academicismo declamatório, no século XVIII, e o surgimento de novos gêneros reclamando uma exata fidelidade ao real, que vão, no teatro moderno, promover a gestualidade. A trivialidade aparente das situações, a humanidade banal dos personagens ("homens de uma condição média, oprimidos e infelizes", especificava Beaumarchais), tudo isso exigia, da parte do ator, um novo realismo e proibia a estilização que figuras mitológicas e um diálogo versificado tornavam aceitável na tragédia. Descobre-se o que o gesto pode significar. A pantomima não é mais um gênero autônomo. É uma linguagem do corpo e do rosto destinada a completar, a esmiuçar, e mesmo a enfraquecer ou substituir a linguagem verbal. Diderot disse: "O gesto deve ser escrito muitas vezes em lugar do discurso. Acrescento que há cenas inteiras em que é infinitamente mais natural aos personagens se movimentarem do que falarem" (*Discours sur la poésie dramatique*, 1758). Esta concepção desemboca num verdadeiro picturalismo: a pantomima permite reproduzir em cena imagens inspiradas na pintura contemporânea, a de Greuze notadamente. Ela oferece, por outro lado, um vasto campo de experiência ao ator. E se integra de fato a esta nova "linguagem viva, rápida, entrecortada, tumultuada e real das paixões" (Beaumarchais) que dá largo espaço à expressão paraverbal (gritos, suspiros, soluços etc.).

Esta evolução doutrinal condiciona a evolução do gosto. Presta-se cada vez mais atenção, por exemplo, à pantomima na interpretação da tragédia...

Em 1807, Mlle. George interpreta Roxane em *Bajazet*. A imprensa é unânime em considerar "muito bonita" e "muito expressiva" a encenação muda que conduz ao célebre "Sortez!" ("Saia!") do último ato. E Nodier, em 1814, critica com precisão Mlle. Petit, que retomou o mesmo papel: "Ela realiza muito bem a parte da mímica que consiste na colocação corporal, nas atitudes, no jogo da fisionomia. Mas é menos feliz nos gestos" (*Le Nain Jaune*, 16 de agosto). E censura-a pelas "convulsões de cabeça", pelos "tremores afetados de ombro e de peito" etc. Também Talma impressionava pela força expressiva de seu gestual: "No momento em que, repelido por Hermione, ele fica atordoado de espanto, procura se firmar no solo que treme sob seus pés, tomba sobre si mesmo porque o golpe é muito imprevisto, rude demais para suas forças" (Couture père, *Soixante Ans du Théâtre-Français*). Napoleão, porém, achava que o grande trágico exagerava um pouco! Nas suas *Mémoires sur Lekain et sur l'art dramatique* (1826), o próprio Talma transcreve as seguintes reflexões do imperador, que o tinha visto como o Nero de *Britannicus*: "Eu queria perceber mais na sua representação a luta de uma natureza má com uma boa educação; queria também que você fizesse menos gestos; aquelas naturezas não se expandem exteriormente; elas são mais concentradas." E se Rachel, um pouco tarde, causa impacto na cena trágica, é porque ela não ignora o gestual vivo, "realista", das vedetes do melodrama. Marie Dorval desfalece em *Antony*. Rachel não hesitava em desmaiar em *Horace*...

A gestualidade contemporânea

1. *O treinamento gestual.* A atualização do gesto no teatro deve ser dosada e fiscalizada. Neste campo, a mitologia espontaneísta não dá bons resultados, e o acaso não é bom diretor! Daí a necessidade de um treino sistemático. Ele não apenas assegura ao ator o domínio de seu gesto, como o enriquece do ponto de vista da variedade expressiva e lhe permite adaptar-se a todas as exigências da representação.

O controle do gesto depende do domínio da representação. Uma má respiração descontrola rapidamente o trabalho do corpo. Por falta de uma completa liberdade, ele fica bloqueado e não responde mais plenamente à intenção do intérprete. Ora, esta liberdade só lhe é dada pelo equilíbrio orgânico e pela resistência ao cansaço – e para tanto a respiração é o fator essencial. Esta liberdade, por outro lado, multiplica as potencialidades gestuais do ator. Ela é a única via de acesso ao virtuosismo.

Os exercícios escolares, no caso, visam a vários objetivos. Os principais são:

- a flexibilidade mimética: trata-se de habituar o corpo a reproduzir legivelmente um modelo dado; por exemplo, o exercício do gato (que se levanta, se estira etc.) apoia-se num gestual complexo que mobiliza pernas e braços, cabeça, pescoço e coluna vertebral;

- o controle do aparelho muscular, que é aperfeiçoado por todos os exercícios de contração e de descontração;
- a invenção plástica: o exercício obriga o ator a dar uma forma física precisa às imagens que lhe são sugeridas pelo roteiro proposto; por exemplo: imitar um longo voo de um pássaro desde o momento em que ele toma o seu impulso até o momento em que aterrissa...;
- o virtuosismo corporal desenvolvido por toda uma gama de exercícios semiacrobáticos ou semicoreográficos, como a imitação do salto de um tigre ou de uma situação de combate em que o ritmo poderá ser batido por um instrumento de percussão...;
- a imaginação simbólica: trata-se aqui de compor legivelmente papéis não humanos; o ator, por exemplo, fará de seu corpo uma flor que desabrocha e depois murcha, sugerirá a vida secreta de uma árvore etc.

O ponto de vista comum, o do espectador, é o de que um gesto *exprime* alguma coisa (um sentimento, uma paixão, uma relação de forças etc.). O gesto seria então um complemento. Mas a experiência do ator testemunha um funcionamento inverso: é o gesto que precede o sentimento e que lhe dá forma. Jouvet, por exemplo, aconselhava seus alunos do Conservatório a começar por encontrar o gesto *exato*. Este gesto, tal como um fio condutor, induz a expressão, a entonação, o movimento cênico.

Daí a importância que um pedagogo como Stanislavski atribui às técnicas de virtuosismo inspiradas na acrobacia e na dança. Elas evitam os descontroles e as vacilações do corpo. O absoluto controle muscular característico do dançarino ou do acrobata favorece ao mesmo tempo a rapidez e a perfeição gestuais. Pode-se, de fato, traçar um paralelo entre o momento de maior tensão de um papel e o momento de maior risco de um exercício acrobático.

Nos dois casos, a menor fragilidade do corpo leva ao fracasso, à queda do acrobata, à hesitação e à contração do ator...

A acrobacia e a dança são, para o ator, disciplinas complementares. A primeira favorece o controle muscular, a segunda trata da plasticidade do gesto, da sua fluidez, sua extensão, sua cadência... Em suma, elas criam uma estética gestual. "As duas disciplinas, justapostas, tendem a desenvolver o gesto, a dar-lhe uma linha, uma forma, uma direção, um espaço" (Stanislavski, *A construção do personagem*).

Todavia, teatro e dança, em geral, não têm o mesmo objetivo estético. A justeza do movimento coreográfico é avaliada tendo por referência um código formal específico (a inscrição harmoniosa do corpo no espaço ou a coerência intrínseca do balé); o gesto do ator remete, quase sempre, a um código mimético (ele veicula uma significação, reflete uma realidade). Existe um esteticismo, e mesmo uma afetação da dança que o ator deve evitar. Eis por que a escola stanislavskiana insiste tanto na motivação do gesto:

> Quando se representa, nenhum gesto deve ser executado por ele mesmo. Seus movimentos devem ter sempre um objetivo, devem estar sempre ligados ao conteúdo do seu papel. Se sua ação dramática está orientada em direção a um fim preciso, produtivo, podem estar certos de que vocês fugirão à afetação, à pose e a outros perigos do gênero (*op. cit.*).

É lastimável que estas recomendações que datam do princípio do século XX ainda não tenham entrado para os hábitos do ator francês de hoje em dia. As exigências de tal treinamento, seu custo material, as dificuldades profissionais que o jovem ator deve enfrentar, tudo isso explica, melhor que a indiferença, estas lacunas de sua formação e consequentemente seus limites artísticos.

2. *A teatralidade do gesto.* A dança revela que o movimento e o gesto sempre foram percebidos como meios de estabelecer com o espectador uma comunicação afetiva não verbal. É neste sentido que se pode falar numa teatralidade do gesto. Várias tendências do teatro contemporâneo procuram explorar, fora de qualquer condicionamento, esta teatralidade.

Alguns teóricos, como Artaud, sonharam com uma codificação da prática gestual que permitiria representar com uma linguagem auxiliar, tão precisa e decifrável como a palavra. Significaria, em suma, tratar o gesto como uma frase, ou seja, elaborar uma sintaxe e até mesmo uma métrica do gesto. Jean-Louis Barrault, por exemplo, não hesita em assinalar: "A atitude, o *movimento propriamente dito*, a *indicação*, que compõem o gesto, não nos remetem ao *sujeito*, ao *verbo* e ao *complemento*?" (*Mise-en-scène de Phèdre*, p.63). A metáfora pode parecer mal-ajustada. Entretanto, alguns teatros do Extremo Oriente souberam ir bem mais longe que nós na elaboração e na prática de uma verdadeira gramática do gesto.

A este respeito, a descoberta, pelo Ocidente, desses universos estéticos representou um papel decisivo na evolução do pensamento teatral moderno. Sabe-se que o teatro de Bali foi, para Artaud, uma revelação enorme, que o teatro chinês foi estudado de perto por Brecht, e depois por Grotowski. A partir de 1950, as *tournées* permitiram ao público ocidental descobrir a prática imemorial da Ópera de Pequim. A linguagem do gesto, neste teatro, não serve apenas para traduzir as emoções ou figurar as ações. Ela materializa o espaço ambiente, os objetos necessários, e até a ambientação, a iluminação etc. Num episódio famoso, o ator conseguiu, gestualmente, tornar "presentes" um rio e a barca que tenta atravessá-lo. E uma cena de combate noturno é representada em plena luz; cada adversário, tateando, procura o outro, o encontra, o evita etc. Assim, é a própria pantomima que "cria" a noite escura na qual se desenrola o combate...

Sem dúvida, este poder de sugestão não era ignorado na tradição ocidental. Afinal de contas, ele constitui a própria base da pantomima, que, como arte autônoma, teve seu momento de glória com Deburau, por volta de 1840, e recebeu recentemente de Marcel Marceau uma segunda juventude. Mas enquanto meio de expressão teatral, ela ficou mais ou menos escondida, quer pela tentação naturalista, quer pela ilusão tecnológica. Por um lado, o ator devia limitar sua gestualidade em cena àquela que seu personagem podia verossimilmente pôr em ação "como na vida"; por outro lado, acreditou-se que os progressos da técnica permitiriam materializar tudo. Pouco a pouco, vozes foram se levantando contra essa obsessão mimética (Craig, os simbolistas, Copeau, Artaud etc.). E, neste plano, o cinema revelou-se mais bem-equipado que o teatro. Por fim, o século XX redescobriu que o gesto podia, ou devia, voltar a ser um instrumento não apenas de expressão; mas de sugestão, e até mesmo de materialização. Quando, sobre um palco nu, os atores imitam o rebentar das ondas (em *Christophe Colomb*, de Claudel, encenado em 1953 por Jean-Louis Barrault), é um sistema de gestos e de movimentos que permite ao espectador "ver" um mar sem dúvida mais "real", ou ao menos mais "presente" do que se ele devesse aceitar as convenções aproximadas e enganadoras do telão pintado... Estranha faculdade do teatro, ou antes, do ator, a de fazer da ausência uma irrecusável presença.

3. *A expressividade do gesto.* O teatro ocidental baseia-se, em regra geral, na expressividade do gesto. O problema consiste no seguinte: não basta executar corretamente, com exatidão, o movimento determinado pelo diretor. É preciso ainda que este movimento participe da interpretação do papel. Um mesmo gesto pode traduzir e suscitar uma emoção intensa ou refletir um desesperador vazio expressivo.

Portanto, a formação do ator visa a assegurar a autenticidade expressiva do gesto. Ela deve lhe fornecer os meios para romper com a esclerose que emana da rotina interpretativa. É este o objetivo da famosa técnica stanislavskiana do "reviver": reativando sua experiência vivenciada pelo jogo combinado da "memória afetiva" e da imaginação, articulando-o com as exigências do papel, o intérprete se obriga a inventar o gesto mais acertado, a fundamentá-lo na necessidade em vez de recorrer à facilidade ilusória do estereótipo.

Neste quadro, está claro que o trabalho com o gesto não é autônomo. O ator deve garantir uma adequação entre o gesto e a palavra que não é apenas psicológica, mas também estética: nada é mais prejudicial à própria credibilidade de uma interpretação do que as discordâncias involuntárias entre um e outro. Um gestual prosaico arruinará a beleza de uma declamação inteligente. Inversamente, o gesto "teatral" (no sentido pejorativo do termo), pertencente a um código trágico obsoleto, ridicularizará o naturalismo de uma interpretação de Tchékhov ou de Gorki. É que a referência a dois códigos distintos cria um efeito de confusão prejudicial à apreensão do personagem pelo espectador e, a partir daí, nocivo à ilusão e à participação. Ao contrário, esta mesma discordância, quando desejada e calculada, poderá entrar eficazmente no jogo "épico", já que a interpretação brechtiana se baseia na heterogeneidade dos códigos que impede, precisamente, esta adesão afetiva, apontada pelo teórico do *Pequeno organon* como mistificadora.

É, pois, imprescindível que o ator tenha uma clara consciência das formas de relação possíveis entre gesto e palavra. Vimos que há diversas formas de articulação. Da mesma maneira, é possível distinguir diferentes sistemas gestuais que se liguem ou não ao modo de articulação exigido pelo papel, pela situação etc. Uma mesma atriz poderá, sem dúvida, representar Berenice e a Dama das Camélias; ela não poderá usar indiferentemente para os dois papéis a mesma linguagem gestual, assim como não recorrerá às mesmas formas de articulação.

A expressividade do gesto implica de antemão aquilo que poderíamos chamar de uma disciplina de abundância. Um dos defeitos mais comuns do ator inexperiente consiste de fato em confundir gestual e gesticulação, quer dizer, em substituir um sistema expressivo definido por uma sobrecarga descontrolada. Nestas condições, a clareza da mensagem se confunde e a eficácia do gesto se esvazia na mesma medida. Depois de Copeau e do Cartel,* Jean Vilar insistiu fortemente neste ponto: do mesmo modo que a dicção deve permitir uma estilização da palavra, é preciso que haja uma estilização equivalente do gestual. Um único gesto, plasticamente elaborado, dramaticamente pertinente, terá mais intensidade e eficácia expressivas que um caos de movimentos esboçados, improvisados, que produzem uma sensação de hesitação e de não acabamento.

Se deixamos de lado os gestos determinados pelo texto dramático, que são uma obrigação para o intérprete (a bofetada de Cid, por exemplo, determinada pela rubrica, ou gestos inevitáveis de Lady Macbeth indicados no próprio diálogo da famosa cena de sonambulismo: "olhe como ela esfrega as mãos..."), cabe considerar a parcela de invenção do ator, ou seja, esse conjunto de gestos e movimentos que o papel jamais determina, mas que o ator de talento sabe tornar fundamental.

Pode-se retomar aqui a colocação de H.U. Wespi, que define entre o gesto e a palavra as três seguintes formas de relação: 1) *acompanhamento*; 2) *complementação*; 3) *substituição*.

---

* Cartel – associação de caráter oficioso que reuniu, entre 1926 e a Segunda Guerra Mundial, quatro dos mais importantes diretores parisienses: Charles Dullin, Louis Jouvet, Georges Pitoëff e Gaston Baty. (N.T.)

O gestual de *acompanhamento* é da ordem da redundância. Ele reforça, prolonga, amplifica a mensagem enunciada pela voz (discurso e inflexões). Este é geralmente o nível em que se verifica mais facilmente o recurso do ator pouco inspirado ao estereótipo. É de fato tentador, por ser esta a solução mais econômica para a imaginação interpretativa, explorar o acervo de gestos constituído por gerações de atores, que se tornou uma espécie de esperanto da cena, decifrado sem esforço pelo espectador menos atento: quando Ruy Blas se joga aos pés da rainha e põe a mão sobre o coração no momento em que exclama "Porque eu vos amo!", o "padrão" gestual da "declaração de amor" é imediatamente decifrável. Aqui o gesto é simplesmente uma visualização redundante do discurso.

O desenvolvimento da representação psicologizante favoreceu, no gestual de acompanhamento, uma articulação "defasada" do discurso que permite, por exemplo, a simultaneidade de uma expressão voluntária (o discurso) e de uma expressão involuntária (o gesto). Defasagem que usa igualmente o ator brechtiano: uma de suas funções consiste em ressaltar as contradições de seu personagem que resultam de sua posição num campo de forças econômicas e sociais. Explica Brecht:

> O ator que vai representar uma situação mostrando o herói corajoso ... pode muito bem introduzir à margem um detalhe de pantomima, hábil comentário gestual de uma frase, e descrever assim a crueldade cometida pelo herói para com o seu criado. À fidelidade de um homem, ele pode associar a avareza, atribuir ao egoísmo um ar de sabedoria, ao amor à liberdade um caráter mesquinho. Ele indica assim em sua composição a presença de uma contradição de que ela necessita (*Escritos sobre* o *teatro*, I, "Sobre o trabalho do ator", 1935-1941).

O gestual *complementar* constitui um prolongamento significativo do discurso. Ele introduz sentido onde a palavra, por impotência, deixa uma lacuna. No momento em que Orgon quer comunicar a seu cunhado todo o "deslumbramento" que Tartufo lhe inspira, a intensidade desse sentimento excede qualquer expressão articulada: "É um homem... que... ah... um homem... um homem, enfim!" O texto não traz nenhuma indicação de representação, mas está claro que esta retórica da interrupção e da exclamação só será cenicamente eficiente se ela mobilizar a imaginação gestual e mímica do ator.

O gestual *substitutivo*, enfim, intervém onde, por diversas razões, a palavra se torna impossível. Quando Elmira, em *Tartufo*, tenta comunicar-se com seu marido escondido debaixo de uma mesa, ela não pode fazê-lo verbalmente sem destruir seu estratagema. Fica, portanto, limitada a usar uma linguagem não verbal que o diretor pode determinar livremente (o texto utiliza o truque da tosse insistente). Por exemplo, nos versos:

> É uma tosse obstinada; eu posso assegurar
> Que remédio nenhum fá-la-ia passar.*

Fernand Ledoux, na sua encenação, determina que Elmira "no auge da irritação bata na mesa ao dizer determinadas palavras do texto". Da mesma forma, um pouco depois, quando ela finge ceder às cantadas de Tartufo e diz: "A culpa não é minha", este discurso é "dublado" com uma "mensagem" gestual destinada a Orgon: "Elmira vai até a mesa e a esmurra." É fácil perceber que o potencial cômico da cena está no duplo crescendo do discurso verbal dirigido a Tartufo e do discurso gestual destinado a Orgon...

O gestual do ator contemporâneo caracteriza-se, de fato, por uma tensão fecunda. Pois o teatro atual parece querer assumir, e mesmo tornar dialéticas, duas tentações opostas: uma faz do gesto

* Tradução de Guilherme Figueiredo.

um modo de expressão do eu profundo do personagem e/ou do ator (Grotowski), uma linguagem tão sutil quanto a palavra. Outra remete a uma busca da teatralidade pura, a de um Craig que, no começo do século XX, pregava a invenção "de uma nova maneira de representar, consistindo em grande parte de gestos simbólicos" (*De l'art du théâtre*), de um Meyerhold que, na Rússia dos anos 20, definia os princípios de sua biomecânica, de um Artaud e seus seguidores...

Em sua experiência profissional rotineira, o ator francês não costuma ter oportunidade de assumir até as últimas consequências nenhuma dessas opções. Entretanto elas constituem, na sua prática, como que "faróis", polos de orientação, referências básicas de uma utopia inerente a toda pesquisa verdadeiramente artística.

Enfim, seria inútil fazer um julgamento de valor sobre esses desenvolvimentos característicos de nosso teatro. O problema essencial não reside aí. Peter Brook lembra oportunamente:

> É igualmente possível ser interminável, difuso, literal e tagarela através da expressão totalmente corporal quanto da expressão verbal. Tudo o que se pode censurar num teatro verbal ou literário (e nas barreiras que ele ergue perante a realidade), pode-se censurar também no teatro chamado de expressão corporal (*American Theatre 69-70*, "Entrevista com Peter Brook").

Um e outro alimentam uma cultura e uma prática. Nenhum deles institui uma ortodoxia.

No CINEMA, CERTAS ESCOLAS, certas pesquisas de vanguarda dedicaram grande atenção à estilização do gesto. Podemos lembrar, a título de exemplo, o hieratismo do gestual em *A paixão de Joana d'Arc* (Carl Dreyer, 1927), ou, ao contrário, a exacerbação característica do filme expressionista. *Grosso modo*, podemos dizer que, em seu período mudo, o cinema se contentou em aumentar, sem realmente modificar, o trabalho gestual empregado no teatro. Todavia, os recursos da gravação repetida e da edição, e mesmo da trucagem, permitiram rapidamente multiplicar o virtuosismo de certos atores; daí as extraordinárias "coreografias" dos irmãos Marx, de Chaplin, ou Jacques Tati...

Hoje, porém, as pressões econômicas do cinema o obrigam a reduzir a gestualidade ao mimetismo. É preciso repetir, o "natural" não deixa aqui de dominar o trabalho do ator; o "teatral", ao contrário, aparece como o anticódigo, como aquilo que denuncia a inadaptação ou a incompetência.

Seria, contudo, um erro pensar que atores e diretores não refletem sobre a forma, a precisão e a expressividade do gesto. Eles simplesmente o fazem num contexto que não é o mesmo da cena. Devem levar em conta, além do personagem e da situação a ser interpretada, um conjunto de critérios formais: o mesmo gesto não será "trabalhado" da mesma forma se o diretor pretender fundi-lo em uma cena de grupo (*travelling*, plano geral etc.) ou realçá-lo com um *close*.

Esta especificidade da imagem cinematográfica determina uma gestualidade mais variada e complexa que a da cena. Mais variada: as possibilidades do cinema (edição, trucagem etc.) oferecem ao corpo um espaço de representação ilimitado. Não apenas ele poderá fazer o que a materialidade do palco impede – galopar em um campo de batalha, por exemplo –, como também o que as leis da realidade impossibilitam: voar, metamorfosear-se etc. Dito isso, uma tal gestualidade foge na maioria das vezes à responsabilidade do ator que parece praticá-la. Às vezes é o *doublé* que o substitui (gestual acrobático ou perigoso), outras é o técnico responsável pela edição ou pelos efeitos. Gestualidade mais complexa também: a imagem cinematográfica fragmenta o real e dirige o olhar. Ao fazê-lo, ela é capaz de aumentar a menor parte do corpo, multiplicando assim as suas potencialidades expressivas. O movimento dos cílios, o crispar da mão não podem ser usados da mesma forma no teatro e no cinema. No palco, necessariamente, eles se integram a uma gestualidade global. Como um instrumento de orquestra, eles têm sua função, por menor que seja, no conjunto do concerto de que participam o rosto, o braço, as outras partes do corpo. O ator de teatro é obrigado a apostar ao mesmo tempo na atenção do espectador, que registrará talvez tais detalhes, e na sua desatenção, que legitima uma certa redundância gestual.

No cinema, o olhar do espectador não está livre nem flutuante. Ele é regido pelas escolhas que o diretor operou na edição. Desde então, a gestualidade do ator é condicionada por estas escolhas e ela é como que explodida: enquanto o *close* concentra minha atenção no movimento dos cílios da heroína, eu ignoro o que faz sua mão ou seu pé. No minuto seguinte, descubro sua mão, mas seu rosto desaparece da tela (por exemplo, a célebre "entrada" de Ingrid Bergman em *Os amantes de Capricórnio*: antes de nos revelar o rosto da heroína, Hitchcock se demora em seus pés nus e na barra do vestido, depois em suas mãos...).

Existe, então, um paradoxo do gesto cinematográfico: ele não necessita, salvo em casos excepcionais, do trabalho de estilização que a distância cênica exige; ele é sem dúvida por si só mais poderosamente expressivo que seu homólogo teatral. Os recursos da imagem permitem pôr em prática uma verdadeira "microgestualidade" que, no palco, seria ineficaz. E, ao mesmo tempo, essa parte essencial dele mesmo escapa em grande parte ao ator. Em todas as etapas da elaboração do filme, seu gesto é "trabalhado", remodelado, transformado pelas opções do diretor e pelas intervenções da técnica.

3. O CORPO

1. *O treinamento do corpo.* Assim como a voz, o corpo não é por natureza teatral. Ele precisa aprender a se movimentar, e mesmo a "estar", no espaço artificial que é o palco. É necessário tomar consciência de todos os tipos de parâmetros como a área da representação, a posição dos companheiros, a cenografia, as luzes etc. Os atores experientes sabem o quanto o problema do *percurso*, por exemplo, é difícil de dominar, notadamente quando a área de representação excede as dimensões habituais do palco italiano. Basta que um ator se mova um pouco mais lentamente para que o tempo da ação fique comprometido. Basta que ele se mostre agitado para que o seu personagem perca alguma credibilidade... No palco de Avignon ou na imensa cena do Chaillot, os atores do TNP, sob a direção de Vilar, aprenderam que não era suficiente se deslocar em cena conforme as exigências de seus papéis: era preciso, além disso, que seus corpos soubessem enfrentar um espaço que os esmagava.

Por outro lado, o corpo é o lugar de um conjunto de resistências: resistências físicas das articulações, da musculatura, da coluna vertebral... decorrentes da falta de treinamento do ator, mas também resistências físicas que seu inconsciente pode opor às exigências da exibição teatral. As primeiras são às vezes um sintoma das segundas. Então, só um trabalho psicológico permite a superação dessas inibições.

É pois importante que, por uma ação permanente sobre si mesmo, o ator aprenda a conhecer seu corpo como se explora um território, ou antes, como se observa o comportamento e as reações de um *alter ego*. Toda a escola stanislavskiana insistiu com perseverança neste ponto: a "teatralização" do corpo exige mais que a simples repetição do treinamento atlético. Os exercícios físicos podem fortalecer a musculatura e torná-la flexível, dar ao ator um perfeito controle de seu corpo e, portanto, um virtuosismo; não bastam, entretanto, para tornar esse corpo teatralmente "falante" e "presente", a não ser, talvez, num teatro de tipo meyerholdiano. De fato, o paradoxo deste treinamento corporal é que ele deve ser ao mesmo tempo uma ginástica do imaginário e uma autoanálise...

A importância dessas interações entre o corpo e o psiquismo explica que os exercícios mais úteis visem a colocar o corpo em um sistema metafórico que provoque a imaginação. Ali onde o atleta efetua um salto sobre um obstáculo real, se equilibra sobre um ombro e se levanta no mesmo impulso, o ator deverá executar tarefas idênticas imaginando que é um tigre saltando sobre uma presa... Para ele, trata-se ao mesmo tempo de dominar a complexa maquinaria de nervos e músculos que constitui seu corpo, e também de fazê-lo "falar".

Outros exercícios visam a desenvolver a expressividade do corpo reagindo ao seu meio ambiente. Por exemplo, o ator, descalço, deverá andar imaginando "seu" chão: declive escorregadio ou areia quente, lodo viscoso ou pedras pontiagudas etc. Os pés, e por conseguinte todo o corpo, deverão sugerir as dificuldades inerentes à relação física do indivíduo com um espaço sob diversos aspectos hostil. Segundo Grotowski, não há emoção que não possa ser expressa com um treinamento apropriado do corpo. Através do autocontrole e concentração, diz ele, o ator pode ser capaz de fazer com que suas mãos "riam", que seus pés "chorem", que seu abdome "exulte"!

2. *A presença do corpo.* Antes mesmo que qualquer trabalho interpretativo comece, o corpo, tanto em cena como na tela, é o mediador de uma "presença". Um personagem entra em cena. Conforme

o "corpo" de que ele é dotado, antes mesmo de ter aberto a boca, este personagem tem ou não tem "presença". No primeiro caso, sua corpulência, a maneira de jogar sua barriga para a frente ou enterrar a cabeça entre os ombros me "falam" tanto quanto seu discurso; no segundo, eu o percebo como uma silhueta chapada e neutra. Os atores cômicos, particularmente, têm uma consciência aguda dessa necessidade de ser antes de tudo um corpo singular. Isto é tão válido para um Dario Fo de hoje como o foi ontem para um Chaplin ou um Buster Keaton, e outrora para os atores de farsa franceses ou os comediantes *dell'arte*.

Sem dúvida, o desenvolvimento do cinema reforçou, no espírito do público, a noção da importância do físico do ator. Mas, no teatro, esta importância não se baseia, como muitas vezes se supõe, em uma semelhança naturalista entre o corpo do ator e aquele que ele empresta ao personagem. Afinal, a maioria dos papéis jamais são caracterizados fisicamente com muita precisão. Essa importância provém, antes, do vínculo inconsciente que une o espectador ao ator precisamente pela mediação deste corpo que a cena (figurino, luzes etc.) exibe e exalta. Daí a possibilidade paradoxal do teatro de encarnar um mesmo personagem nos físicos mais diferentes. Tartufo, garante Dorine:

> Ah! melhor não teria passado:
> Forte, gordo, loução, satisfeito e corado.*

Por muito tempo tomou-se a fala da criada ao pé da letra. Daí essas estirpes de Tartufos barrigudos, vermelhos... Até aquele dia de 1950 em que Jouvet lhe impôs sua magreza ascética! Além disso, a diversidade das encarnações propriamente físicas expressa também a evolução do gosto. Os cânones da beleza, por exemplo, mudam de

* Tradução de Guilherme Figueiredo.

uma geração para outra. A atriz que hoje imaginamos para Julieta talvez, em outros tempos, fosse escalada para um papel de criada!

O sonho teatral visa a se materializar em uma corporalidade. Sonho do espectador, certamente, mas também sonho do diretor. Este último precisa concretizar o fluxo de imagens e fantasmas sem os quais, sem dúvida, ele jamais teria experimentado profundamente o desejo de transformar um texto em espetáculo. O dramaturgo lhe oferece uma situação, alguns traços característicos... Cabe a ele fazer o resto!

Jouvet, ainda a propósito de *Tartufo*, lembra com ironia o quanto pode ser rica esta relação imaginária com um personagem clássico do repertório:

> ... Existem as testemunhas oculares, aqueles que viram: "é um homem gordo, de bela estatura, de boa fisionomia e muito agradável". ...
>
> "Sim, sim" diz um outro, "mas Tartufo tem a unha imunda e a face sanguínea, ele é transbordante de força, tem um queixo de lobo, uma cara grosseiramente esculpida, mãos de camponês, pele escurecida pela vida ao ar livre."
>
> "Não foi assim que eu o vi" declara um outro. "Tartufo tinha um aspecto agradável, a tez fresca, a orelha vermelha, as mãos belas e grandes, com um começo de gordura..." (*Témoignages sur le théâtre*, p.79).

E eis como, de saída, Jean-Louis Barrault, diretor de *Fedra*, "sonha" com o personagem Hipólito:

> Hipólito é o mais belo mancebo da Grécia. Seus músculos são seu figurino. Eles devem ser fortes e harmoniosos. É fundamental que se destaque em Hipólito uma jovem e vigorosa virilidade. Hipólito é o mais belo cavalo de Tresena. Seu pelo é louro, de um louro quente... (*Mise-en-scène de Phèdre*, p.67).

Nada, no texto de Racine, ou no protocolo da representação trágica do século XVII, permite dar a este retrato uma legitimidade objetiva. Contudo, nada mais legítimo, já que necessário à invenção do diretor e já que se trata não de uma reconstituição arqueológica, mas de uma representação destinada a uma determinada geração de espectadores. Representar não é justamente tornar "presente" outra vez?

O teatro sempre conheceu empírica e intuitivamente o poder inconsciente do corpo do ator. Já no Império Romano, Juvenal fulminava: "Quando, com gestos lascivos, Batila se põe a dançar, Tussia não é mais dona dos seus sentidos; Apula exala de repente longos suspiros chorosos como num abraço amoroso" (*Satires*). Tal poder sempre foi denunciado, repelido e censurado pela instituição, tanto é verdade que a Lei percebe sempre o Desejo como uma ameaça contra a ordem de que ela é guardiã. Em 1558, Sixto V proíbe os comediantes *dell'arte* de incluírem mulheres nos seus elencos. Em 1577, o Parlamento de Paris acusa as atrizes de se vestirem e se despirem em cena e de se tornarem, ao fazê-lo, "um ensinamento de luxúria e adultério"...

A verdadeira novidade na França, a partir de 1965, é que os poderes do corpo em cena se veem reconhecidos, assumidos, proclamados e deliberadamente explorados.* De fato, não se trata mais de exercer, pela exibição do corpo, um fascínio mais ou menos explicitamente erótico sobre o espectador, mas de assumir esta revelação freudiana: o corpo tem alguma coisa a dizer; ele é uma outra palavra. Este é o sentido das proclamações artaudianas e das práticas que, no momento, escandalizam os defensores exaltados da Moral – como se pode ver, na época, com as reações

* Neste sentido, o teatro dramático estava em atraso em relação a outras formas de espetáculo menos prisioneiras de seu *status* cultural (*music-hall*, dança moderna etc.).

histéricas (e às vezes policiais) suscitadas pelos espetáculos do Living Theatre.

É neste contexto que se colocam as pesquisas sistematicamente conduzidas, fora do caos ocidental, no Teatro Laboratório de Wroclaw, por Jerzy Grotowski e sua equipe. O ator grotowskiano, por um processo de despojamento rigoroso, deve renunciar a todos os artifícios tradicionais que dissimulam ou transformam seu corpo (maquiagem, apliques, iluminações que favorecem a imagem dos atores, guarda-roupa elegante etc.). Deve-se encontrar só, e como que psicologicamente desnudado, face a um espectador que ele reveste de sua realidade carnal. Não apenas o olhar, mas o hálito, o suor... se tornam meios de comunicação, ou antes, para empregar a terminologia grotowskiana, de "retirada dos véus". A questão do "contato", à qual voltaremos, é aqui crucial. Os dois corpos, os dois organismos, devem se reunir em uma fusão (às vezes conflituosa) que transforma o próprio espaço do ato teatral. Grotowski, com efeito, suprime toda distância entre o ator e o espectador, ou pelo menos elimina o palco tradicional. O que há de mais violento, diz ele, deve se representar face a face, o espectador deve estar ao alcance da mão do ator!... Experiência pioneira que, sem dúvida, só podia se tornar insípida e se desfigurar ao emigrar para toda parte, para fora de seu lugar de origem, "recuperada" por um certo modismo teatral. Ainda assim, de uma maneira ou de outra, ela terá fecundado o teatro de hoje conferindo aos diretores um olhar novo sobre os recursos do corpo, e aos atores uma consciência renovada da relação que eles mantêm com este instrumento.

Outra referência importante: Dario Fo. Como italiano, ele explora a teatralidade do corpo à maneira dos comediantes *dell'arte*, sendo ao mesmo tempo um e mil corpos diferentes. Representa tão bem com sua pura presença física quanto com seu virtuosismo gestual e seu poder de sugestão e metamorfose. É capaz de ser alternadamente ele mesmo, narrador, comentarista da ação e todos os personagens de que precisar! Fo representa, pode-se dizer, de corpo nu: tal como o ator grotowskiano, ele abre mão de todos os acessórios e artifícios tradicionais. Ele nem ao menos se permite o benefício da continuidade. Ao invés de se fechar em um só papel, ele vai de um a outro ao longo de uma mesma representação. Fluido como um camaleão. Homem-teatro, como já se havia dito de Artaud, uma vez que sozinho, com a ajuda apenas de seu corpo e de sua voz, ele é um espetáculo "em cem atos diferentes".

> Ele não perde tempo com detalhismos. Nada de caretas, é claro, nada de disfarces, quase nada de jogos de fisionomia. É com um gesto, uma inflexão da voz, que ele indica um personagem e depois outro, com uma colocação sumária no espaço. E o que ele faz não é outra coisa senão correr de um gesto a outro, lançando-os no ar, um de cada vez, para os apanhar e os relançar de novo. Ele faz malabarismos com os gestos da mesma forma como os faz com as inflexões (Bernard Dort, *Théâtre en jeu*, 1974, p.208).

Num teatro como este, a exaltação do corpo, sua ubiquidade permitem uma utilização renovada e enriquecida da palavra: ela não é mais apenas veículo do discurso dos personagens, ela se torna, simultaneamente, explicação, comentário, voz anônima e irônica... Através dela, o personagem que surge instantaneamente a partir da imagem física do ator é de imediato situado numa perspectiva (histórica, política, social...). Representação profundamente "épica", como observa com precisão Bernard Dort.

O exemplo de Dario Fo mostra o seguinte: a restauração da dignidade do corpo no teatro, a exploração de suas potencialidades tornam caduca, ou ao menos recolocam na sua relatividade histórica, a oposição entre Artaud e Brecht, que durante algum tempo parecia irremediável. Tanto para um como para outro, existe pelo menos este lugar de convergência: o corpo. Pois, seja ele "artaudiano" ou "brechtiano", o corpo, no teatro, não para de "falar" e de nos dizer coisas importantes. Ainda que, dependendo da corrente de representação adotada, ele não as diga absolutamente da mesma maneira...

3. *A palavra do corpo.* O corpo teatral pode exprimir-se segundo duas modalidades antagônicas:

1) O corpo é reduzido, sistematicamente, a ele mesmo. Abrindo mão da facilidade do instrumento de ilusão, quer dizer, do figurino, do aplique, da maquiagem, o ator faz de seu corpo um corcunda, um velho, e até mesmo um cavalo... Trata-se de uma forma de ascese, uma vontade de reconduzir o teatro ao essencial: diante de um espectador, um ator entregue aos seus recursos reais.

2) Desde sempre, o ator procurou os meios de amplificar e melhorar sua expressividade corporal. O famoso coturno, que aparece na época helênica, contribui para aumentar a estatura, mas também para deslocar o centro de gravidade do corpo do intérprete, para modificar seu andar natural. Ele acentua, pois, o efeito de estranhamento produzido pela máscara, já que outros artifícios são usados com a mesma finalidade. Bem entendido, os acessórios, a maquiagem, os apliques e os figurinos não são paliativos, mas instrumentos. Eles pressupõem um *know-how* do ator. Não basta coroar a cabeça de uma atriz para que ela se torne majestosa, e, como se sabe, a corcova não faz o corcunda!

Já vimos que a questão do físico do ator é um falso problema, ou melhor, um problema malcolocado pela ideologia dominante do "natural". O cinema fez com que não admitíssemos mais, hoje, uma Celimena, jovem viúva de 20 anos, representada por uma atriz quinquagenária. Porém, foi mais ou menos nesta idade que Madeleine Renaud interpretou o papel e o fez maravilhosamente. Costuma-se esquecer facilmente que o palco deveria ser o lugar mágico onde, a exemplo do teatro japonês, o velho representaria meninas ou a atriz faria o papel dos velhos, num perfeito domínio da respectiva corporalidade.

A tradição japonesa admite estas práticas não realistas já que dinastias de atores herdam umas das outras determinados tipos de papéis, bem como os segredos técnicos e artísticos que permitirão a um homem representar, até sua aposentadoria ou até sua morte, uma frágil noiva. E, nas companhias de *commedia dell'arte*, era comum que os papéis de velhos (Cassandra, Pantaleão etc.) fossem atribuídos a atores de 20 anos cujo corpo imitava a silhueta curva, o andar cansado e outras características ou símbolos da idade avançada. Por fim, a cena elisabetana não parece ter sofrido por fazer com que atores adolescentes, não necessariamente afeminados, representassem Ofélia ou Cordélia!

Sem dúvida, os profissionais têm, desta "verdade" do teatro, uma consciência mais clara e mais nostálgica que o público. O poder do disfarce e, num sentido mais amplo, o dom da metamorfose são de fato componentes essenciais da arte do ator. A tradição cômica explorou constantemente os recursos dramatúrgicos e espetaculares da metamorfose.* E algumas vezes atingiu por este caminho picos de virtuosismo.

Um roteiro da *commedia dell'arte* nos dá um impressionante exemplo: Arlequim está vestido de homem na frente e de mulher nas costas! O cenário representa duas lojas contíguas, a de um bar e a de uma lavanderia. Está claro que Arlequim será alternadamente o dono do bar e a lavadeira! Toda dificuldade consistirá para o ator em ir de uma loja à outra girando tão rápida e precisamente sobre seu próprio eixo que os espectadores terão logo a ilusão de se tratar ora de um homem, ora de uma mulher. Efeito

* Ver, por exemplo, *Noite de reis* (Shakespeare), *Monsieur de Pourceaugnac* (Molière), *A falsa criada* (Marivaux), *As bodas de Fígaro* (Beaumarchais) etc.

duplo, totalmente não realista, totalmente burlesco, que permitia, supomos, todos os tipos de *lazzi*...

Isto nos leva à questão do *figurino*. Originalmente, tal "instrumento" parece depender da arte do figurinista (que o desenha) ou do diretor (que o concebe). Todavia, na medida em que ele é parte integrante do corpo do ator, entra no campo da sua prática.

O figurino intervém, neste sentido, como um instrumento de deformação e de transformação do físico. A coroa, o pesado manto real darão a este ator que, na rua, anda como você e eu, um porte hierático e um passo majestoso. É claro que este fenômeno não é nem simples nem mecânico. O que transforma o ator, de fato, é *simultaneamente* a roupa e a consciência de representar um personagem nobre. É frequente que, nos ensaios, o ator use panos e objetos improvisados que terão uma semelhança muito vaga com o figurino previsto. O que não diminuirá o objetivo de ajudar o ator a aprumar-se no porte exigido. Os atores bem sabem o quanto lhes pode valer um figurino bem-concebido e, ao contrário, que entraves podem surgir de uma vestimenta inadequada. Porque ela é como que o prolongamento do corpo, e até mesmo da própria personalidade do ator. É uma espécie de trampolim que permite "projetar" eficazmente o seu personagem. Idealmente, o figurino deve ser determinado em função da ação, do personagem, da direção... mas também do ator que vai usá-lo. León Gischia, que foi o cenógrafo titular de Vilar, frisa que os desenhos devem ser feitos tendo em vista o ator:

> Cada um tem uma arquitetura, e sobretudo sua psicologia – e o figurino tem que se encarregar de parte dessa conscientização. Como fazer para Ricardo II de Vilar o mesmo figurino que para Ricardo II de Gérard Philipe? Eu mudo tudo quando muda o elenco... (citado por Hélène Parmelin, em *Cinq peintres et le théâtre*, p.89).

O figurino, por outro lado, exalta a teatralidade dos corpos, especialmente no âmbito do teatro atual, que procura se livrar da pressão do mimetismo. Convém lembrar os espantosos figurinos com que Victor Garcia, em 1970, vestiu *As criadas*, de Genet. Estranhos coturnos, que lembravam ao mesmo tempo o calçado ortopédico e a bota erótica, desequilibravam, davam peso à silhueta e ao andar das atrizes, de modo que não se podia mais dizer se elas tinham fugido de algum cabaré sórdido ou da cena trágica!

São estas possibilidades quase infinitas de alteração da imagem, de caracterização do personagem, que interessam à arte do ator. Não é que ele precise de roupas muito elaboradas. A rigor basta-lhe um traje cuidadosamente escolhido para suscitar, graças à "colaboração" do espectador, a realidade completa do personagem e seu modo de vestir. Mas esta definição elíptica e metonímica do figurino de teatro não equivale a uma recusa do figurino enquanto tal. Ela provém de uma escolha estética, da vontade de utilizar a capacidade de imaginação do espectador.

É certo que o corpo sempre foi o próprio suporte do jogo teatral, e seria simplista, neste sentido, opor as luzes atuais às trevas anteriores. A evolução deve ser caracterizada menos grosseiramente. O corpo, hoje em dia, tornou-se o objeto de saberes e práticas sistemáticas. Certamente, outrora, percebia-se intuitivamente a sua "presença". Admirava-se o seu poder expressivo através das interpretações de atores como Talma, Rachel, Mounet-Sully. Entretanto, a depreciação que lhe impôs a moral dominante e os limites do saber antropológico impediam sem dúvida o ator de afirmar e explorar todos os recursos.

A influência do cinema, que costuma jogar de bom grado com a presença-ausência do corpo-imagem, foi determinante. E o surgimento de novas mídias em que o ator está envolvido (rádio, televisão, vídeo) terá precipitado e generalizado uma tomada de consciência: a corporalidade constitui uma dimensão essencial de toda arte do espetáculo. Ela fundamenta a especificidade. Logo, a transferência radiofônica ou cinematográfica de uma obra dramática anula na totalidade ou em parte esta corporalidade. Ao mesmo tempo, é o caso de indagar se ela não anula simplesmente o teatro.

Em suma, ao longo do século, mais especificamente nos últimos 30 anos, observa-se que a revalorização do corpo desencadeia um grande número de pesquisas teatrais. Simultaneamente, descobrem-se (ou reavaliam-se) formas – *commedia dell'arte*, pantomima, números de *clowns*, *music-hall* etc. – que se apoiam, antes de mais nada, na representação corporal. A dança moderna, a comédia musical americana se tornam, do mesmo modo, polos de referência às vezes idealizados pela nostalgia. E maravilhamo-nos diante da corporalidade específica das tradições do Extremo Oriente.

Assim o corpo do ator passou a ser objeto de reflexão e de saber. E também de experimentação. Seus poderes tornam-se explícitos. Observa-se seu papel nos fenômenos bem conhecidos de "presença" e de "projeção". Reconhece-se que ele é um fator determinante do envolvimento do espectador e da intensidade da relação teatral; que, num outro plano, o corpo veicula uma palavra complexa e permite que venha à tona um sentido ambíguo, impossível de ser formulado. Graças a ele, a arte do ator vira uma polifonia. Ele é parte integrante da perpétua renovação interpretativa que faz a própria vida do teatro.

4. *O corpo-imagem*. No cinema, o corpo estabelece uma forma completamente diferente de relação com o espectador. Sendo uma imagem, ele está fisicamente "ausente", por mais forte que possa ser a sua presença na tela. Engano, ilusão... Pois este corpo, se é ausente, irreal, é ao mesmo tempo valorizado, exaltado, pelos efeitos de filmagem e edição. Paradoxo da "presença-ausência", aqui levado à sua máxima tensão.

Esse corpo-imagem é explodido e fetichizado. Vale dizer que ele se presta, complacentemente, a todas as fantasias, a todos os fantasmas. Oferece-se ao olhar de mil formas diferentes, mutantes, na medida em que, como dissemos, o olhar do espectador é dirigido pelo "olho" da câmera.

A proximidade proporcionada pelos efeitos de filmagem transforma, em comparação com o teatro, a própria natureza deste corpo. A menor transpiração, algumas rugas... tudo pode virar signo e meio de expressão. Pode-se, aliás, dizer o mesmo dos menores detalhes da roupa, que, exibidos pela câmera, se tornam prolongamentos sugestivos do corpo, e logo instrumentos de trabalho do ator.

Enfim, o corpo cinematográfico insere-se num outro modo de relação com o espaço. No cinema, o espaço é autônomo. Não se pede ao ator para sugeri-lo por diversos artifícios, nem ao espectador que o imagine a partir de alguns sinais sugestivos. Esta autonomia amplifica e altera as capacidades expressivas do corpo: a grande cena erótica de *A um passo da eternidade* mostra os corpos de dois amantes rolando, abraçados, na areia molhada da praia, envoltos pela espuma das ondas que rebentam... Está claro que o erotismo da cena emana de uma fusão da sensualidade dos corpos despidos e de um símbolo fortemente conotativo proveniente da natureza ambiente: fluxo e refluxo de água, efeitos de submersão, espuma fervilhante... O teatro deveria proceder de maneira bem diferente. Não podendo mostrar tudo isso, ele sugeriria. Quer dizer, os atores teriam a tarefa de exprimir a sensualidade dos seus personagens, e, simultaneamente, por seus movimentos, criar este espaço erotizado.

Existe, então, como que uma presença específica do corpo no cinema, uma pura singularidade, uma aura natural do ator que o torna insubstituível e inimitável. Foi em cima desta presença que o cinema construiu o famoso *star system*, pelo qual um ator, ou antes, sua amplificação em forma de imagem, atua como um ímã sobre a multidão. A *star* é antes de tudo uma corporalidade intransferível. Ninguém confunde Rita Hayworth com Ava Gardner ou Marilyn Monroe, por mais que todas elas tenham simbolizado o *glamour* ou o *sex appeal* hollywoodianos. Sem dúvida, a mesma observação valeria também para aqueles atores cujo *status* não se baseia numa relação erótica com o público (mas a relação nem por isso deixa de ser obscura e inconsciente). Uma certa corporalidade não é menos determinante no sucesso alcançado por um Erich von Stroheim ou Michel Simon, entre mil outros.

Mesmo assim, ainda que o cinema tenha possibilidades quase ilimitadas de metamorfose graças às proezas dos técnicos, da maquiagem ou da trucagem, é o ator de teatro que faz da transformação do seu corpo uma arte. Tudo se passa como se o ator de cinema fosse mais ou menos dependente de uma imagem física através da qual ele se impõe, como se devesse sustentar esse sonho de juventude imortal que ele assume para cada espectador. Raramente se viu, na tela, um Paul Newman ou um Alain Delon representarem velhos horrorosos! Além disso, o paradoxo talvez se explique da seguinte maneira: no teatro, a metamorfose provém de um virtuosismo do indivíduo ao qual o espectador é imediatamente sensível. No cinema, ela pertence ao domínio da façanha técnica, que a repetição logo se encarregou de banalizar. Enfim, como já dissemos, o código do "natural" é muito mais opressivo no cinema: não basta imitar, sugerir, é preciso "ser". Um ator mais velho que seu personagem não terá credibilidade na tela; e a troco de que pedir a um galã que represente um velho? Existe um número suficiente de velhotes entre os atores disponíveis! No cinema, a presença específica do corpo se sobrepõe a qualquer arte de composição.

4. O ROSTO

O MAGNETISMO, A MALEABILIDADE EXPRESSIVA do rosto do ator foram descobertos empiricamente pelo teatro, que os utiliza segundo modalidades que têm a ver com as aptidões pessoais dos atores, com a estética à qual ele aderiu, como gênero dramático, as exigências da direção etc.

Molière já era famoso pela variedade e pela eficácia de suas mímicas. Mlle. Poisson nos informa que ele tinha "sobrancelhas negras e grossas e [que] os vários movimentos que ele lhes dava deixavam a sua fisionomia extremamente cômica". Elogiosos ou reservados, seus contemporâneos falam de suas "caretas" e de suas "contorções". O mesmo Molière, em *La Critique de l'École des femmes*, diverte-se em comentar a sua própria atuação por intermédio de um personagem que, sintomaticamente, enfatiza a mímica do ator, "seus movimentos extravagantes dos olhos, seus suspiros ridículos, e suas lágrimas tolas que fazem todo mundo rir".

No teatro do século XX, a expressão facial ganhou uma importância crescente. O ator representa cada vez mais com seu rosto e, tudo indica, cada vez mais sutilmente. Há várias explicações:

- As técnicas de representação evoluíram consideravelmente nos últimos 150 anos. Os progressos da iluminação, notadamente, permitiram uma percepção cada vez mais apurada, pelo público, do que se passa em cena, e da mímica dos atores. Por outro lado, o espaço teatral se transformou e se diversificou. As pressões econômicas, o desenvolvimento de um teatro de pesquisa, tudo isso levou ao aparecimento de pequenas salas onde a distância entre o ator e o espectador se viu sensivelmente diminuída.* Com a área de representação reduzida ao mínimo, o ator tende a concentrar sua expressividade sobre o que, na sua profissão, não requer espaço – a voz e o rosto.

- A evolução do gosto comum e da estética da representação contribuiu igualmente para este desenvolvimento. A familiaridade com o cinema e a televisão deixou o espectador mais atento e mais exigente no que diz respeito à expressividade do rosto. O efeito de amplificação inerente à imagem denuncia o artifício, a fabricação, a canastrice. Positivamente, ele revela também as virtudes da sinceridade, da sutileza... Do mesmo modo, as gerações atuais valorizam, no teatro, mais que a intensidade, a precisão, já que o código dominante continua sendo o do "natural".
- Algumas dramaturgias contemporâneas procuraram ultrapassar a tradição naturalista, renovar a representação psicológica, seja por meio de uma relação violentamente íntima com o espectador (Grotowski), seja por uma conscientização dos panos de fundo fornecidos pela psicanálise (Marguerite Duras, Harold Pinter etc.), seja por uma reprodução "hiper-realista" do real (Franz-Xaver Kroetz, Michel Deutsch, Jean-Paul Wenzel etc.). Mais até do que a diversidade de opções estéticas, ideológicas etc. que regem as pesquisas, o rosto do ator se torna, em todos os casos, um mediador essencial.

1. *Modalidades.* Na tradição ocidental, a expressão facial se origina de três modalidades específicas, já que o rosto do ator pode estar: 1) nu; 2) maquiado; 3) mascarado. Essas modalidades – será preciso reforçar? – são postas em prática de maneira muito desigual.

---

* Citemos, entre muitos outros, o Théâtre de Poche, o de la Huchette, o Petit-Odéon, e os *cafés-teatros* que apareceram nos anos 60. A maioria dos profissionais concorda, hoje, com a necessidade de dispor de uma sala-laboratório...

A ideologia do "natural", a interpretação psicologizante estabeleceram, desde o século XVII, como modalidade dominante, senão exclusiva, que o ator represente de cara lavada. A máscara só se perpetuou no terreno estritamente limitado de uma tradição, a da *commedia dell'arte*, e, hoje em dia, salvo exceções, ela não passa de uma referência arqueológica: só a utilizam os diretores que sonham reconstituir ou reencontrar o passado do teatro – ressurreição da tragédia antiga por Jean-Louis Barrault (*A Orestíade*, 1955), ou Jorge Lavelli (*Medeia*, 1967), da *commedia dell'arte* com *Arlequim servidor de dois amos*, de Goldoni, montada em 1947 por Giorgio Strehler e várias vezes remontada, ou *L'Age d'or, première ébauche*, de Ariane Mnouchkine, no Théâtre du Soleil (1975). Quanto à maquiagem, foi abandonada às formas desvalorizadas do teatro, aos atores de farsa e aos *clowns*.*

É que, com o rosto nu, a referência ao "natural" é implícita, já que o teatro se propõe a imitar uma realidade em que os rostos estão geralmente nus.** Tecnicamente, esta nudez admite, e por vezes requer, todas as formas de artifícios, os apliques notadamente, mas na exata medida em que imitam o real – perucas, barbas e bigodes, por exemplo. Em outras palavras, o aplique nunca denunciará sua identidade de artifício. O falso nariz de Cyrano, neste sentido, não tem nada a ver com o de Augusto, *clown* clássico do circo. Da mesma maneira, a maquiagem poderá "vestir" o rosto do ator desde que este recurso se justifique por uma exigência *técnica* ou *histórica*.

* Já no século XVII, antes de Molière, os comediantes franceses de farsa como Gros-Guillaume e Jodelet eram célebres por seu rosto enfarinhado.

** Por isso evitaremos enquadrar na representação mascarada, apesar das aparências, os episódios "mascarados" baseados em modelos reais – bailes, carnavais etc. Romeu, mascarado no baile dos Capuletos, não tem nada a ver com o Arlequim mascarado da comédia italiana, pois só o segundo utiliza uma técnica de representação específica, que se baseia no uso da máscara.

Exigência técnica: frequentemente a maquiagem permite contrabalançar a "crueza" das luzes. Trata-se então de uma maquiagem invisível para o espectador (base etc.) que, por este meio, dissimula sua natureza de artifício. Ela evita apenas que o ator pareça pálido sob a luz dos refletores.

A utilização desse tipo de maquiagem é hoje manejada mais economicamente do que no passado. Outrora, as rédeas eram deixadas soltas neste campo. Contava-se com a maquiagem para "reparar o insulto irreparável dos anos". Uma sombra escura sob as maçãs do rosto, e eis que esse ator obeso podia recuperar as bochechas cavadas da sua juventude! Tais liberalidades têm seus inconvenientes. Existe, no rosto absolutamente nu, uma verdade, e logo uma força teatral, que a maquiagem suaviza e esconde. Por menos lisonjeiros que sejam para o narcisismo de cada um, os desgastes do tempo escrevem uma história no rosto e, com isso, o tornam falante.

Mas, hoje em dia, os papéis são distribuídos com maior preocupação da *verossimilhança* que antigamente. Leva-se mais em conta a idade, o físico dos intérpretes, sua adequação aos personagens. Este tipo de maquiagem reparadora, então, não tem mais razão de ser, e quanto mais as técnicas de iluminação se aprimoram, mais os inconvenientes que mencionamos tendem a desaparecer.

Maquiagem técnica é também aquela do ator branco que representa Otelo e deve, para isso, usar uma base de pele negra. Pode-se assemelhá-la ao aplique: esta maquiagem confere ao ator uma "falsa" pele que deve parecer o mais "verdadeira" possível. Poderíamos lembrar também, na mesma ordem de ideias, a exigência técnica do *enfeiamento* (Quasímodo) e do *envelhecimento* (Peer Gynt).

Quanto à exigência histórica, ela motiva a reproduzir no teatro uma prática historicamente comprovada. Assim, em *As bodas de Fígaro*, o conde Almaviva poderá exibir ruge nas bochechas, conforme o hábito aristocrático do século XVIII... É evidente que nem por isso deixamos de permanecer no terreno da ideologia mimética. Nunca, nesses casos, a maquiagem é um instrumento de teatralidade.

A *maquiagem* propriamente dita, quer dizer, uso de pinturas de cores não realistas de que os teatros do Extremo Oriente têm uma longa experiência, ficou por muito tempo excluída do palco ocidental moderno.* É que precisamente ela não é realista. Não tendo nenhuma referência na realidade, ela parece como uma infração inaceitável ao código do "natural". Na França, se excluirmos algumas experiências mais ou menos desconhecidas, será preciso esperar a grande reviravolta dos anos 60, com sua recusa da tradição mimética, sua descoberta dos modelos do Extremo Oriente, na esteira de Artaud e de Brecht, para que a teatralidade própria ao rosto pintado comece a ser posta seriamente em prática. É curioso, entretanto, que isso ocorra, quase sempre, a título de citação. Como se só se pudesse explorar este caminho lembrando que ele foi aberto por outras tradições. Isso é particularmente evidente nos espetáculos do Théâtre du Soleil: *Les Clowns* (1969) e *1789* (1970) reativam certas formas populares antigas e datadas; *Ricardo II* e *Noite de reis* (1982) remetem ostensivamente aos teatros japonês e indiano. Da mesma forma, um pouco antes, as práticas do Berliner Ensemble, no que concerne à maquiagem, lançavam mão da citação para fins de distanciamento. Citação do teatro chinês para *O círculo de giz caucasiano*, da maquiagem clownesca para *A resistível ascensão de Arturo Ui*.

A máscara, enfim, se distingue da maquiagem pelo fato de anular, com uma superfície rígida, a mobilidade expressiva do rosto. O código mimético dominante baniu esta mobilidade do palco

* Isto em função da presença implícita do código do "natural" e da valorização cultural do teatro de texto. O balé e o *music-hall* sempre tiveram uma prática da maquiagem mais "livre".

moderno, mas, curiosamente, ela não para de assombrar o teatro como símbolo que é de dois dos seus momentos culminantes, o de Sófocles e de Aristófanes, o de Arlequim e de Pantaleão.

A máscara acentua e esquematiza os traços do rosto. Na dramaturgia grega ela assumia, ao que parece, uma tripla função: *amplificação visual*, permitindo ao espectador mais distante uma apreensão satisfatória do personagem; *amplificação sonora*, na medida em que ela podia servir de alto-falante; *amplificação estética*, enfim, quando contribuía para o efeito de estranhamento (ao mesmo tempo plástico e vocal) eventualmente exigido pela representação de figuras divinas ou legendárias, como sugere o *onkos*, aquela testa proeminente e exageradamente alta característica da máscara trágica.

Uma das singularidades mais notórias da *commedia dell'arte* é igualmente o recurso da representação mascarada. Mas é bom frisar: há personagens que não o utilizam, especialmente aqueles cuja razão de ser é a sedução, os galãs ou *innamorati*.

Na verdade, quase sempre a máscara, neste teatro, é uma meia-máscara que deixa descobertas a boca e a parte de baixo do rosto. Estas funções parecem ter sido múltiplas, sem que nenhuma tenha predominado:

- Função de *identificação*: a máscara torna o personagem imediatamente reconhecível para um público que esteja um pouco familiarizado com o universo da *commedia dell'arte*. Daí um ganho de tempo precioso numa dramaturgia que se apoia primordialmente no ritmo da representação.
- Função de *imutabilidade*: a máscara preserva o personagem das transformações que intérpretes diferentes (em físico, idade, estilo etc.) introduzem infalivelmente. Graças à máscara, ele aparece sempre igual a ele mesmo e como que dotado da imortalidade das figuras mitológicas. O que reforça ainda mais o laço de familiaridade que assegura sua popularidade.

- Função de *estilização*: a máscara desloca as técnicas da representação no sentido de uma maior valorização do virtuosismo corporal. Ora, como vimos, é graças à acrobacia, à dança e aos *lazzi* que o ator *dell'arte* alcança seus maiores triunfos. Compreende-se, desde então, que a máscara tenha se tornado um acessório obrigatório deste teatro e que, para os *innamorati*, as figuras mascaradas tenham quase sempre conquistado maior destaque.

As máscaras utilizadas pela *commedia dell'arte* são inexpressivas. Foram concebidas para adotar todas as expressões possíveis, ficando o ator encarregado de dominar a arte da representação "com máscara". Uma inclinação apropriada da cabeça, uma coordenação sutil do corpo e dos gestos fazem com que a máscara, estranhamente, pareça transmitir a expressão desejada, cólera ou gula, terror ou concupiscência! Eis a dificuldade: a menor aproximação, a menor defasagem ameaçam falsear a representação e tornar a máscara inoperante.

Por outro lado, se ela valoriza o virtuosismo corporal e gestual, é evidentemente para assumir uma diversidade expressiva de que o rosto não pode se encarregar. De fato, da experiência da representação "com máscara" se tirou logo este conselho: se teu corpo não exprime nada, tua máscara fica muda. E por extensão: quanto mais teu corpo fala, mais tua máscara é expressiva.*

O século XX é sem dúvida, depois da Renascença, a primeira época do teatro a se interessar por conhecer e ressuscitar o passado. Eis por que ele trouxe a máscara de volta ao palco. Desde 1909, Craig, que se rebelava violentamente contra o mimetismo

* Cabe frisar, a este respeito, que a máscara, na tradição da *commedia dell'arte*, não é exclusivamente um recurso de comicidade. Muitos testemunhos, de diversas épocas, confirmam que Arlequim era também capaz de provocar lágrimas.

dominante e a representação "à base de emoção", via na máscara o instrumento de uma possível salvação do teatro. Para ele, não se tratava de reencontrar tradições perdidas – o teatro não tem que ser uma arqueologia – nem de copiar desastrada e caricaturalmente práticas não ocidentais. A máscara do futuro, segundo Craig, ainda precisava ser inventada. Por outro lado, ele não via nela de modo algum o instrumento de um virtuosismo expressionista, mas, ao contrário, um meio de escapar do predomínio da representação psicológica.

É um pouco neste mesmo espírito – ainda que o seu projeto estético e a sua ideologia sejam profundamente diferentes – que Artaud preconiza, ao lado da utilização de "manequins de vários metros de altura", a de "máscaras enormes"... O peso das rotinas e das falsas tradições não permitiu que estes sonhos se realizassem. Seria preciso esperar os anos 60 para ver um grupo americano, o Bread and Puppet Theatre, colocar no centro de sua prática estas propostas artaudianas e, a partir de então, atingir um sucesso internacional.

Na França, os que se aproximaram de Artaud, como Jean-Louis Barrault com *Numance* (1937), *Estado de sítio* (1948) ou *A Orestíade* (1955) e Roger Blin com o teatro de Genet (*Os negros*, 1959; *Os biombos*, 1964), tentaram ressuscitar a máscara. Mas foi possível perceber que eles não souberam superar um mero quadro de citações. Suas máscaras, inspiradas em diversificadas tradições (África, Antiguidade etc.), pareciam sempre ostentar não se sabe que legitimidade cultural!

Na verdade, é provavelmente a *commedia dell'arte* que permanece como a fonte inspiradora mais fecunda para os artistas de teatro preocupados com a questão da máscara. Daí partiram *A princesa Turandot*, de Gozzi, ressuscitada em 1922 em Moscou por Vakhtangov, e, mais recentemente, o admirável *Arlequim servidor de dois amos*, recriado por Giorgio Strehler graças ao prodigioso ator Marcello Moretti, *L'Age d'or* do Théâtre du Soleil (Ariane Mnouchkine) e, em 1983, *L'Oiseau vert*, montado por Benno Besson.

Cabe reconhecer, porém, que no momento atual a representação "com máscara" só ocupa, nas atividades do ator, um lugar inteiramente marginal. Mas se ele sente tanta saudade dessa representação, é que ela simboliza a própria especificidade do teatro. Trata-se de alguma coisa insubstituível que o cinema, apesar das suas imensas possibilidades no campo do espetacular, não pode pretender lhe roubar... Enfim, talvez isso se dê também porque a máscara parece restituir ao ato teatral uma dimensão primordial e esquecida, a do *sagrado*:

> O ator, em cena, observa Giorgio Strehler, não pode tocar a máscara com um gesto habitual (colocar a mão na testa, o dedo nos olhos ou cobrir o rosto com as mãos). O gesto fica absurdo, não humano, falso. Para reencontrar a sua expressão, o ator deve esboçar o gesto com a mão, não concluí-lo de maneira realista sobre a máscara. A máscara, em suma, não suporta o caráter concreto do gesto real. A máscara é ritual (*Un théâtre pour la vie*, p.167).

2. *Práticas.* O rosto de ator também é afetado, tal como o gesto e o corpo, pelo trabalho de treinamento da expressividade; e, desde Stanislavski, os pedagogos aperfeiçoaram seus métodos neste campo e aprofundaram suas experiências. Trata-se, para o ator, de um trabalho ao mesmo tempo plástico e orgânico. Ele deve desenvolver o que poderíamos chamar de sua imaginação facial e aprender a controlar a própria musculatura do seu rosto.

Como o corpo e a voz, o rosto do ator deve enfrentar dois tipos de dificuldades: os bloqueios que o psiquismo opõe à exibição teatral, de um lado, e de outro a facilidade do recurso aos estereótipos. É para tomar consciência destes obstáculos e dominá-los que um treinamento bem-planejado deve ser aplicado.

A tradição mimética, no palco ocidental, escolheu o rosto do ator como suporte essencial da representação psicológica. É a alteração dos traços do rosto que manifesta afetos, reações, sentimentos. Neste sentido, ele é o complemento necessário da voz, do gesto e do corpo. Ele determina ou intensifica o que estes elementos indicam de maneira mais ou menos esquemática. Ainda aqui, é preciso lembrar o caráter polifônico típico da arte do ator: o rosto pode dizer algo diferente da entonação e do gesto. A frieza da mímica, a dureza do olhar poderão desmentir o falso arrebatamento de paixão de um Don Juan; ao contrário, o olhar e a mímica de Roxane, em *Bajazet*, traduzirão eloquentemente uma paixão que a diferença estudada da voz procurará dissimular.

No melhor dos casos, este processo de saturar a expressividade do rosto através da multiplicação das nuances de sentimento provoca uma sutil metamorfose do ator e demonstra a interiorização do papel. Assim o seu rosto se transforma no do personagem. Com a silhueta, o andar etc., ele imprime sua "presença" ao longo da peça. E um dos traços característicos para o grande ator é precisamente esta capacidade de ter tantos rostos quantos forem os personagens que interpreta. A documentação fotográfica fornece apenas uma vaga ideia desta diversidade. O que confirma que ela é inerente à interpretação "aqui e agora" e ao magnetismo que dela emana.

A interiorização do papel se tornou, ao longo do século XX, um objetivo prioritário, na medida em que a reflexão teórica e a experiência levaram o ator a valorizar a noção de *autenticidade* e, em consequência, a pregar a eliminação do estereótipo. Exigência esta certamente reforçada pela familiarização dos atores e do público com os recursos (mas também com as pressões) da representação cinematográfica. Claro está que a distância do palco à plateia, se nos referirmos ao modelo consagrado da arquitetura italiana, impõe ao rosto do ator uma obrigação de aumento (o detalhe sutil deve ser visto de longe), logo de exagero. Transposto tal e qual para a tela, este artifício vira uma insuportável afetação. Em outras palavras, estas duas artes frequentemente postas em paralelo sob pretexto de que tanto uma como a outra utilizam atores, e às vezes os mesmos, exigem na verdade destes qualidades quase antagônicas. Por conseguinte, o ator de teatro tem frequentemente dificuldades em atenuar a projeção expressiva de sua representação facial em função dos efeitos acentuadores da câmera; e a vedete da tela nem sempre consegue se impor da mesma maneira no palco.*

Os registros de encenação e outros documentos de trabalho mostram bem como funciona a tradição dominante e como o diretor procura obter de seus atores uma fluidez expressiva que convenha ao mesmo tempo à interpretação do personagem, à estética dramática que a obra pede e, de modo mais geral, à expectativa do público determinada por todo um conjunto de fatores culturais, tradições, experiência pessoal etc.

Tomemos um pouco ao acaso a cena da declaração de Fedra a Hipólito (*Fedra*, II, 5) na montagem já mencionada de Jean-Louis Barrault. O diretor quer que Fedra "se desfaça da sua máscara" (indicação 14), mostre um "rosto fechado" (indicação 15). Ele elabora efeitos de *contato* entre os dois protagonistas: "os dois rostos voltados um para o outro. As duas respirações se aproximam" (indicação 17); "os dois hálitos vão se confundir" (indicação 18); "Hipólito aproxima-se de Fedra, inclina-se sobre ela, o rosto por sobre o seu rosto" (indicação 20); "A Fedra, sempre apoiada contra Enona, só resta girar sua cabeça sobre ela mesma

* Talvez por isso, certos cineastas, como os neorrealistas do pós-guerra na Itália ou Robert Bresson na França, preferem trabalhar em cima da inexpressividade (ou da menor expressividade) de atores não profissionais. Estes, desprovidos de técnica e experiência, oferecem ao diretor uma matéria-prima mais maleável.

para ter a sua boca e o seu olhar sob a boca e o olhar de Hipólito. O que ela faz lentamente, sensualmente, ao longo do verso 634" (indicação 21); etc.

O que impressiona nestas indicações é o seu caráter minuciosamente cinematográfico, como se o diretor tivesse saudade do *close* e do plano americano; é, por outro lado, uma espécie de sincretismo em que se fundem várias tentações estéticas: a relação de magnetismo entre os rostos, a afirmação de uma sensualidade, o posicionamento dos personagens em um espaço semelhante àquele de uma imagem cinematográfica (*close*), tudo isso revela uma importância inusitada na época (1942), na representação trágica. Ao mesmo tempo, Barrault tende a estilizar a mímica, a fazer do rosto uma máscara. Não é por acaso: Barrault conhece bem as teorias artaudianas sobre "as dez mil e uma expressões do rosto transformadas em máscaras" (*O teatro e seu duplo*). Ele se preocupa, por outro lado, em encontrar um equivalente moderno para a estilização da representação trágica em moda na época de Racine. Nem por isso ele esquece uma certa imagem "cultural" da tragédia de Racine tida como um lugar privilegiado de uma investigação do coração humano e de uma análise dos poderes da paixão. Eis por que "seus" rostos exprimem plasticamente o trabalho interior do sofrimento, do remorso, do desejo etc.

> Não podemos imaginar sem terror a máscara que Fedra deve ter neste momento. Enquanto mulher, ela está agora humilhada, derrotada. Enquanto rainha, está morta de vergonha. Já semimorta por essa paixão que lhe rasga as entranhas, ei-la agora, o olhar fixo, a máscara perigosamente fechada, implacável (*op. cit.*, indicação 34).

Desde a aurora do século XX, várias teorias estéticas contribuíram para a utilização de recursos da representação facial numa perspectiva não psicológica. A título de exemplo, enfocaremos aqui o expressionismo e o teatro brechtiano, a teoria artaudiana e, em tempos mais recentes, a experiência de Jerzy Grotowski na Polônia. Mas, para ficar completo, será preciso também evocar as contribuições de Craig, de Lugné-Poe, ou de Jarry etc.*

Todas estas experiências têm este ponto em comum: o rosto do ator é tratado como uma máscara. Ele está encarregado de traduzir, de modo estilizado, a expressão dominante, e como que emblemática, de um personagem. Craig, já em 1900, clamava por uma estilização semelhante. "A expressão do rosto é em grande parte sem valor. Meus estudos sobre o teatro me ensinaram que é preferível que o rosto de um ator ofereça antes seis expressões do que seiscentas, desde que estas seis não sejam insípidas" (*A propos de masques*). Esta limitação, como vemos, tem por objetivo anular a fluidez expressiva inerente à representação psicológica. Uma maquiagem não realista vem bem a calhar. Ela reforçará a estilização da mímica, privando o rosto de qualquer referência ou modelo extraído da realidade, acentuando assim o efeito de máscara.

No caso do teatro expressionista que floresceu na Alemanha dos anos 20, trata-se de fazer do rosto, como aliás de todos os componentes da representação, um princípio de ação violenta sobre a sensibilidade do espectador. Os documentos fotográficos dão uma ideia bastante precisa da expressividade facial paroxística dos grandes intérpretes expressionistas, tais como Fritz Korner, que foi um notável Ricardo III. Mas é evidentemente o cinema mudo da mesma época que constitui a fonte de informação mais preciosa:

---

* "Se Lugné-Poe, Jarry, Appia, Craig, Yeats e os expressionistas concordam sobre algum princípio, é exatamente sobre a ideia de que o ator é um instrumento de pura teatralidade, protegido contra os acidentes da psicologia e as complacências do ilusionismo. Feito para ser utilizado como um hieróglifo num conjunto coerente de signos" (Robert Abirached, *La crise du personnage dans le théâtre moderne*, p.218).

a recusa do realismo e do psicologismo permite de fato transpor fielmente para a tela a teatralidade exacerbada do ator expressionista, e isso tanto mais quanto a ausência de sonorização o obriga a concentrar na pantomima a procura da intensidade expressiva.

Artaud, por sua vez, preconiza uma rigorosa codificação da representação facial. Em outras palavras, o efeito da máscara pressupõe aqui o recurso do estereótipo enquanto base necessária (e a única possível) de uma linguagem comum ao espectador e ao ator:

> As dez mil e uma expressões do rosto, congeladas em máscaras, podem ser discriminadas e catalogadas para participar direta e simbolicamente desta linguagem concreta do palco; e isto nada tem a ver com sua utilização psicológica particular (*O teatro e seu duplo*, 1932).

Na mesma época, Brecht tomava consciência das potencialidades de uma representação facial não psicológica. Já em 1922 (com 24 anos de idade), ele admira em Karl Valentin e em Charles Chaplin "a renúncia quase completa ao jogo de fisionomia e à psicologia de bolso" (*Escritos sobre o teatro*). Sua recusa do *pathos* e da alucinação do espectador que passa pela representação emocional o conduz a exigir do ator uma distância expressiva e uma mímica "fria" que, deliberadamente, deixam perceber, por trás do personagem, o trabalho do ator que o representa e o mostra como um objeto de surpresa.

A pesquisa de Grotowski, nos anos 60, se alimentou de todas essas teorias e tentativas que ele conhece perfeitamente. O efeito de máscara em seu trabalho reencontra as preocupações expressionistas ou aquelas de Artaud, na medida em que ele está ligado à dimensão propriamente mitológica da representação teatral.

> O ator deve compor a sua própria máscara orgânica por intermédio de seus músculos faciais, e cada personagem guarda a mesma careta

> ao longo da peça (*Akropolis*). Enquanto o corpo inteiro mexe em função das circunstâncias, a máscara permanece cristalizada como uma expressão de desespero, de sofrimentos e de indiferença . . . . O resultado é uma despersonalização dos personagens. Quando os traços individuais são retirados, os personagens viram representantes da espécie humana desumanizada (*Em busca de um teatro pobre*, 1964).

Poderíamos citar outras experiências recentes (Beckett, Genet, por exemplo). Elas confirmariam o seguinte: com ou sem a ajuda da maquiagem, a prática de uma representação facial não psicológica leva sempre a fazer o rosto trabalhar como uma máscara polivalente, ao mesmo tempo capaz de expressões múltiplas e deliberadamente limitada em sua abundância.

3. *Rostos cinematográficos*. Originalmente, se excluirmos os cinemas expressionista e burlesco que reservam um espaço essencial à estilização mímica (efeitos de máscara, maquiagens, caretas etc.), o código do "natural" rege estritamente a representação facial do ator na tela, entendendo-se que a combinação deste código com os efeitos de amplificação da imagem lhe impõe ou lhe permite uma contenção de nuances expressivas.

Todavia, o passado do cinema já é bastante significativo para que se possa encontrar nele a confirmação da ideia levantada pelos teóricos modernos da representação: qualquer "natural" é, apesar de tudo, *histórico*. A hipótese de uma coincidência absoluta da representação no cinema com a realidade que ela quer reproduzir é um engodo. Engodo que só funciona alimentado pela convicção (manipulada) do espectador de que esta coincidência está sendo atingida. Basta uma defasagem de algumas décadas para que este mesmo espectador tome consciência de que a ilusão do "natural" de uma época determinada procedia de um conjunto de meios expressivos deliberadamente escolhido, logo de um trabalho de estilização. O "natural" de um Jean Gabin, que garantiu-lhe a popularidade entre os anos 40 e 60, aparece como uma soma de artifícios, se o compararmos com o "natural" mais recente, de um Gérard Depardieu, que um dia, por sua vez...

O fenômeno, no cinema, parece universal: é curioso observar que todo ator começa por se impor através da impressão de autenticidade transmitida pelas suas interpretações. Em confronto com ele, seus predecessores parecem subitamente artificiais! James Dean, nos anos 50, configura o próprio rosto da juventude americana. Trinta anos depois, percebemos os artifícios, e até mesmo os tiques de um jogo facial (cabeça inclinada, piscar de olhos), e nos lembramos então que este "natural" era um produto habilmente fabricado pelo Actors' Studio e por Hollywood.

O rosto do ator, no cinema, requer qualidades que não são exatamente as que pede o teatro. Podemos reunir estas qualidades sob o termo geral de fotogenia, contanto que não se queira dizer com isso que o ator precisa fornecer sempre uma imagem sedutora de si mesmo. Certos rostos "absorvem" especialmente a luz, "falam" à câmera, de tal maneira que revelam capacidades de expressão e de emoção sem relação com a beleza ou o *sex appeal* e sem emprego no palco. Ao contrário, poderá acontecer que a presença cênica de um ator não consiga transferir-se para a imagem.

A que atribuir esta fotogenia? A resposta é certamente complexa: existe primeiramente uma natureza fotogênica, privilégio de uns e não de outros. Há, em seguida, um instinto, uma espécie de saber pessoal do ator sobre o seu próprio rosto e as relações que ele pode estabelecer com os recursos técnicos do cinema. Romy Schneider, diz-se, prestava uma atenção vigilante às luzes sob as quais ela teria de representar. Há enfim, em decorrência da experiência precedente, uma arte cinematográfica da metamorfose do rosto. Arte coletiva para a qual contribuem não somente o ator, mas o diretor, o diretor de fotografia, o iluminador etc. As transformações de que são capazes, de um filme para outro, um Orson Welles ou um Marlon Brando, com a ajuda do maquiador, não são, no fundo, muito diferentes daquelas que vemos no teatro. Mas o que dizer dessa espécie de "efeito Pigmalião" que une, para sempre, um diretor e um(a) intérprete? Não é exagerado afirmar que o "verdadeiro" rosto de Marlene Dietrich, aquele que contribuiu para fazê-la a *star* que conhecemos, foi literalmente "inventado", fabricado pelo diretor Joseph von Sternberg. Definitivamente, é talvez esse traço característico que mais distingue o ator de cinema e o de teatro: uma parcial perda de si mesmo.

5. O PAPEL

Retrospectiva histórica

Todas as épocas do teatro conheceram, e resolveram à sua maneira, a questão da interpretação dos papéis, em função de um substrato ideológico específico, de um estado particular do saber, de condições técnicas variáveis.

1. *A Antiguidade grega e a romana.* Nada de interpretação "individualizante" ou "psicologizante", ao que parece, na época de Ésquilo e de Aristófanes. O caráter sagrado da representação e a distância entre o ator e o público constituiriam obstáculos dificilmente transponíveis. A cena grega, aliás, nunca utiliza mais de três atores, que dividem entre si os papéis. Mesmo os personagens femininos são interpretados por homens. Soma-se a isso a caracterização física que usa os recursos já mencionados (máscaras, coturnos, apliques etc.). Todavia, a evolução geral desse teatro que afirma cada vez mais nitidamente sua necessidade de "realismo" não pôde deixar de repercutir na interpretação: ao mesmo tempo que a função do coro se atrofia, o número e a participação dos atores aumenta.

Em Roma, tudo concorre para uma codificação da interpretação. Ela permite ao espectador mais distante identificar o personagem desde o momento de sua aparição: a túnica designa o escravo, e a toga, o homem livre; o branco é a cor da velhice, o amarelo a da moça e a mistura de cores designa o comerciante de escravos. O galã deve ser louro, o escravo ruivo... Mais tarde, a maquiagem, e depois a máscara, vieram reforçar e requintar o sistema. A máscara de *pai*, por exemplo, traz uma sobrancelha levantada e outra em posição normal. Isso reflete a dualidade dos papéis paternos, que oscilam entre furor e indulgência. Cabe ao ator exibir o perfil apropriado à situação!

2. *O teatro medieval.* As condições da representação, a dimensão sagrada e deliberadamente edificante desse teatro suscitaram um modo de interpretação extrovertida: ele visa a um patético facilmente "praticável" (os atores não são, em regra geral, profissionais) e acessível (o público abarca todas as esferas da sociedade). Pouco a pouco se define uma tradição, constitui-se um conjunto de regras, relativas à dicção e à mímica, de uma extrema precisão. Este esquema assegura uma integração rápida e eficaz do ator à representação, ao mesmo tempo em que garante a legibilidade da interpretação, permitindo ao público identificar imediatamente os personagens. A representação medieval se baseia, ela também, em um sistema de códigos de que se exclui todo empenho de caracterização original ou de encarnação pessoal. Os sentimentos e as paixões requerem uma expressão convencional facilmente decifrável.

Certos textos, contudo, refletem preocupações relativas à interpretação dos papéis numa perspectiva mais próxima de nossas concepções. *Le Jeu d'Adam* (entre 1146 e 1174) revela, em suas rubricas latinas, preocupações que deviam, com bastante frequência, inquietar os dramaturgos, notadamente a exigência de uma declamação e de um gestual adaptados à significação do texto – o que deixa supor que a representação habitual tendia à mecanização.

3. *A commedia dell'arte.* Um dos traços mais notáveis desse teatro é talvez o de que o ator, na tradição ocidental, jamais dispôs de uma tão grande liberdade, quer dizer, de uma tão grande responsabilidade criadora. Sua representação se baseia, sabemos, na *improvisação*, coisa que as dramaturgias de texto excluem, ou

ao menos limitam sensivelmente. Limitação esta que, hoje em dia, provém de dois tipos de pressão: 1) o ator deve representar todo o texto e nada além do texto; 2) a encenação integra o trabalho pessoal do ator em um sistema que, ao mesmo tempo, o ultrapassa e se impõe a ele de maneira normativa e diretiva. Ao contrário, os roteiros da *commedia dell'arte* fazem do ator a fonte principal (senão única) de seu texto e de sua representação. Ele pode *ad libitum* modificá-los, abreviar um, desenvolver outro, em função de sua inspiração, de sua relação com seus companheiros, das reações do público, do contexto sociopolítico no qual se insere a representação, ainda que expondo-se, às vezes, à cólera das autoridades.

Em contrapartida a esta liberdade, o ator dispõe de um outro referencial além do texto. É o personagem. O ator *dell'arte*, que no entanto domina quase todas as técnicas de representação de seu tempo (improvisar um texto, mas também recitá-lo, cantar, dançar, executar números de habilidades e de acrobacia etc.), consagra sua vida a alguns personagens a ponto de formar com eles uma unidade.* Em suma, a definição da interpretação estava resolvida quase de antemão.

Posto isso, a prática da representação improvisada não exige que o ator, cada noite e a cada instante, invente literalmente falando seu texto e sua interpretação. Ao fim de um certo número de ensaios e de apresentações, um equilíbrio, uma perfeição são por vezes atingidos, de modo que o texto e a representação ficam mais ou menos fixados. Sabe-se por outro lado que esses atores, que praticavam também o teatro de texto tradicional, estavam inclinados a reduzir toda situação dramática ao modelo canônico

* Parece que os atores *dell'arte* foram muito menos especializados do que por muito tempo se acreditou, e que se admirava particularmente neles o dom da metamorfose.

que lhe permitisse apoiar-se nos fragmentos de textos familiares. Nicolo Barbieri, no começo do século XVII, assegurava que sua memória e a de seus colegas estavam saturadas "de sentenças, de *concetti*, de declarações de amor, de afrontas, de desesperos e de delírios". No fim do século seguinte, Gozzi o confirmaria em suas *Memórias*:

> As atrizes têm um arsenal de matérias-primas na memória, matérias-primas que servem para as orações, censuras, ameaças, desesperos, sentimentos de ciúme; mas não é menos surpreendente ver que diante do público, e improvisando com improvisadores, elas podem ter tudo isso pronto e escolher, nessa massa de que seu cérebro está repleto, traços que elas soltam no momento certo, que elas exprimem com energia e que arrancam os aplausos dos espectadores.

Da mesma forma, os *lazzi* mais populares eram imitados, transportados de uma peça a outra, e até mesmo de uma companhia a outra. Paradoxalmente, esta arte da improvisação é, ao mesmo tempo, uma arte da citação! Este é um fato que certamente facilitou a perpetuação das tradições e a estabilização dos personagens *dell'arte*. Ao mesmo tempo, a improvisação verdadeira permitira uma irrigação e uma renovação das interpretações.

Daí esta impressão, percebida pelos contemporâneos como uma coisa única, feita ao mesmo tempo de uma conivência com um universo familiar e de uma admiração diante da vitalidade e dos achados dos improvisadores. Em comparação, a representação "com texto" é tida como uma prática afetada e artificial. O presidente de Brosses escreveu:

> Esta maneira de representar com o imprevisto, que torna o estilo muito ralo, torna ao mesmo tempo a ação viva e verdadeira... O gesto e a inflexão da voz sempre casam com o propósito do teatro; os atores

> vão e vêm, dialogam e agem como se estivessem em casa. Esta ação é muito mais natural, tem um ar mais verdadeiro do que quando vemos nos franceses (na Comédie-Française) quatro ou cinco atores enfileirados, como num baixo-relevo, no proscênio, declamando sua fala, cada um na sua vez (*Lettres d'Italie*, 1739-1740).

4. *A interpretação trágica nos séculos XVIII e XIX.* Estes dois séculos são particularmente sugestivos, na medida em que é então que se afirma a utopia realista e, consequentemente, uma progressiva individualização psicologizante da representação trágica.

Depois de Racine e antes de Voltaire, é Crébillon (1674-1762) que domina a cena trágica parisiense na primeira metade do século XVIII. Seu sucesso provém da revalorização do *terror*, quer dizer, ele utiliza efeitos de patético imediatos, violentos, de que o melodrama se servirá. Com ele, os ingredientes da interpretação trágica se tornam mais do que nunca explosões, furores, maldições e outros paroxismos de toda espécie! É o que o público pede e aprecia. Quer dizer, a presença do ator, seu físico, sua arte de declamação, da mímica e do gestual se sobrepõem a qualquer consideração propriamente interpretativa. Os enredos mais confusos não desencorajam o público, e isto se dá não porque ele tenha uma excepcional faculdade de compreensão, mas ao contrário, porque ele lhe presta tão pouca atenção! La Harpe observava que a maioria dos espectadores do seu tempo não ouvia a *exposição*, e acrescentava: "os que a ouvem tomam por bom tudo o que quer o autor, contanto que em seguida surja algum efeito". Imaginamos, nestas condições, que havia muito pouco lugar para uma verdadeira *encarnação* do personagem. A eficácia do *efeito* pressupõe uma perfeita familiaridade do público com os códigos da representação. Daí a necessidade de uma tipologia imutável que garanta esta familiaridade: os gestos e o tom de majestade ou de pudor, de paixão ou de desespero... Costumava-se falar muito, na época, de caracteres. Mas seria um erro deduzir uma preocupação com a individualização dos personagens. A referência ao caráter permite assegurar a adequação da interpretação a essa tipologia e aos códigos que a tornam operacional. De fato, não se fala do caráter de Agamêmnon, mas sim – e isto é significativo – do "caráter da majestade"...

A ideologia do "natural" (a verdade da Natureza, a fidelidade que lhe devemos no domínio das artes) vai governar as transformações da interpretação trágica na segunda metade do século. Sob a pressão dos técnicos e filósofos, o ator trágico vai repensar o problema da verossimilhança interpretativa: uma princesa troiana pode estar vestida como Mme. de Pompadour? Uma escrava pode ostentar enfeites de imperatriz? Do mesmo modo é recolocada em questão a declamação cantante que prevalecia depois da Champmeslé. Adrienne Lecouvreur, e mais tarde, Clairon, procura instaurar uma fórmula de declamação que privilegia a situação do personagem mais do que a forma de seu discurso. Lekain refletiu longamente sobre a expressividade do gesto, e até mesmo Mlle. Dumesnil será vista, para grande escândalo dos puristas, correndo pelo palco para manifestar a intensidade de sua "perturbação"! Isto vai contra a velha exigência de dignidade do personagem trágico, mas os contemporâneos o julgam "conforme à Natureza" e, nesta perspectiva, perfeitamente legítimo.

Quase um século mais tarde, Rachel fascina, porque não representa seus papéis, ela os *vive*, independentemente de qualquer tradição. Neste sentido, ela é sem dúvida a primeira atriz trágica moderna:

> Ela avançou, pálida, como seu próprio fantasma, os olhos avermelhados, na sua máscara de mármore, os braços soltos e mortos, o corpo inerte .... Pareceu-nos ver não Mlle. Rachel, mas sim a própria Fedra. ... Durante duas horas, ela representou Fedra, sem que

a ilusão cessasse um minuto (Théophile Gautier, *La Presse*, 3 de janeiro de 1843).

Cada interpretação sua é recebida como um novo engajamento pessoal. Totalmente sincero. Logo, totalmente autêntico, "natural" e, por isso, fator de adesão afetiva. A influência da estética romântica lhe sugere um "realismo" novo no palco trágico, no sentido de que pantomima e declamação são agora organicamente necessárias a uma interpretação regida pela singularidade do personagem e da situação:

> Mademoiselle Rachel morre tão realmente (em *Fedra*), que acreditar-se-ia ver as sombras da morte tomando o seu rosto quando a sua última palavra expira no seu último sopro, e quando, com uma arte incomparável, sua cabeça, seguindo o movimento dos braços enfraquecidos, cai sem vida sobre o ombro inanimado (Auguste Lireux, *Le Constitutionnel*, 17 de fevereiro de 1851).

Com Rachel, a problemática da interpretação fica definida em termos que quase não mudarão até os nossos dias. Como fazer, por exemplo, para que esta encarnação, baseada num engajamento pessoal do intérprete, não se deteriore sob o efeito da repetição, noite após noite? E para que o ator resista ao esgotamento provocado por um tal investimento afetivo e físico, ou ao atrativo do procedimento técnico que para ele é não apenas uma facilidade, mas uma economia? Questões que não pararam mais de ser levantadas e resolvidas com resultados diversos. Peter Brook, em 1968, dizia:

> O papel que foi fabricado parece ser o mesmo a cada noite, exceto pelo fato de que ele se gasta insensivelmente. Mas o papel que foi realmente criado, para continuar parecido consigo mesmo, deve ser

recriado sem cessar, o que o torna cada vez diferente. É claro que, com o tempo, o esforço de criação cotidiana fica insustentável, e o artista criador, para prosseguir sua empreitada, é levado a descer a um nível inferior de seu *métier* que se chama técnica (*O teatro e seu espaço*).

Pode-se perguntar o que explica uma tão constante desvalorização da elaboração técnica frente à encarnação vivida. Ao que parece, o frescor desta última ostenta uma autenticidade, um "natural" que conquista a adesão do espectador. O processo da elaboração, ao contrário, se mostra enquanto tal. Ele é conhecido, catalogado, identificável. Assim, a comunicação teatral se torna precária, intermitente. O espectador não esquece um só segundo que ele assiste como espectador a uma representação:

> Se nos metemos a realizar um teatro de participação, é preciso fazê-lo completamente. Aqui, os *signos* não bastam mais: torna-se necessário o engajamento físico dos atores; ora, a arte tradicional lhes ensinou a imitar este engajamento, não a vivê-lo; e como estes signos estão gastos, comprometidos com mil entretenimentos plásticos anteriores, nós não acreditamos neles... (Roland Barthes, *Essais critiques*, p.72).

A interpretação contemporânea

1. *A noção de tipo.* Por muito tempo, o rótulo profissional do ator foi determinado pela noção do *tipo*. O tipo define o conjunto das características físicas e vocais de um ator na medida em que elas se encaminham para um certo gênero de papéis, e somente para este gênero.

Esta noção, hoje, está caindo em desuso, por várias razões: primeiro, porque ela pressupõe um teatro tipológico – todo papel surgiria de um tipo que o englobaria, e o bom ator seria aquele que, tendo as características do tipo adequado, saberia individualizar esse papel por seu talento de intérprete. Ora, uma tal concepção é cada vez menos apropriada aos caminhos do teatro moderno: o Ubu de Jarry ultrapassa claramente o tradicional tipo de "rei gordo". E onde situar os arquétipos de Genet ou os mendigos beckettianos? A categoria "papel de composição", francamente, talvez não passe de um quebra-galho!

Por outro lado, uma tal tipologia está calcada no pressuposto de uma natureza humana imutável e se choca portanto com todas as pesquisas que, no século XX, visam à individualização máxima do personagem, quer dizer, à sua historicidade. Consequentemente, a noção de tipo deixa de ser operante. O que importa é apenas a adequação do ator às exigências do seu papel e sua capacidade de tirar partido dele de maneira criativa.

A partir daí vai se afirmar a noção, em suma fecunda, de *contratipo*: aquele intérprete conferirá a seu personagem tanto mais relevo e sabor quanto não fixar, de antemão, as características do seu tipo tradicional. Jouvet ou Vilar, que, à primeira vista, não coincidiam com a imagem que se costuma fazer do sedutor de Molière, foram porém (e sem dúvida por causa dessa divergência) grandes Don Juans. E, nos últimos anos, Richard Fontana ou Gérard Depardieu, não obstante seu físico de "galã", encarnaram admiráveis Tartufos!

2. *Trabalho interior e composição formal*. Depois de Stanislavski é fácil distinguir "trabalho interior" do ator e "construção exterior do personagem". O primeiro define a parte de imaginação, de análise, de invenção criadora... que sustenta a interpretação. A segunda caracteriza o conjunto de processos que desembocam na composição formal e na legibilidade desta interpretação.

Distinção um tanto teórica: concretamente, o trabalho cotidiano do ator se baseia em uma interação permanente entre o jogo das motivações, a análise do papel e a composição formal que confere ao personagem os menores detalhes do seu físico (corpo, andar, rosto etc.). O que quer dizer que o trabalho preparatório engloba ao mesmo tempo uma pesquisa sobre as características formais do personagem e uma atividade da imaginação com tudo o que possa alimentá-la – observações, cultura, lembranças pessoais, pequenos fatos cotidianos etc.

Por temperamento, certos atores tendem a privilegiar o trabalho interior, outros a composição formal. Daí a oposição antológica formulada por Diderot, em seu *Paradoxo do comediante*, que talvez tenha iniciado um interminável e falso debate: deve-se preferir o ator que *encarna*, em detrimento do ator que *compõe*? O primeiro, à custa de imaginação, de sensibilidade, de mimetismo, se identifica com seu personagem tanto quanto se identifica consigo próprio: sendo intensamente um outro, ele é, paradoxalmente, intensamente ele mesmo (exemplos: Rachel, Mounet-Sully, Alain Cuny, Maria Casarès etc.). O segundo "fabrica" seu personagem, e dele mantém distância para melhor controlá-lo: Madeleine Renaud, Jean Vilar etc. No primeiro caso, a interpretação se torna uma arte que se origina nos estados emocionais e os utiliza. O ator corre o risco de se deixar atropelar por eles. Por isso mesmo, é imprevisível e irregular: mil fatores imponderáveis podem contribuir para exaltar ou, ao contrário, para inibir sua interpretação de uma noite para outra, e até mesmo ao longo da própria representação. Diderot escreveu: "[A Dumesnil] sobe no palco sem saber o que vai dizer; a metade do tempo ela não sabe o que diz: mas nasce um momento sublime" (*Paradoxo do comediante*). Era, por exemplo, o caso de Rachel, que frequentemente "decolava" com muita "força", se esgotava física e psicologicamente muito rápido, e terminava a peça como podia.

A composição é, ao contrário, maduramente preparada pelo ator. Ela se firma na inteligência e no domínio de si mesmo. O tempo todo, esse ator em cena sabe que ele não é aquele que finge ser, prevê o que terá de fazer no momento seguinte... Daí uma representação com menos intensidade mas com mais sutileza. Mais que o ator que encarna, o ator que compõe tem o dom da metamorfose e o tipo de trabalho sobre si mesmo ao qual ele se entrega garante uniformidade e durabilidade à sua interpretação.

Mas será preciso colocar em oposição dois arquétipos que raramente se encontram no estado puro? E será o caso de preferir um ao outro? Como escolher Helen Weigel "contra" Anna Magnani? É certo que a história do teatro permite de fato distinguir estes dois tipos de atores, ou antes, estas duas tendências da arte dramática. Mas elas são condicionadas por opções ideológicas ou estéticas das quais são apenas uma consequência. Evidentemente, Craig e Brecht, que desconfiam da alucinação afetiva, preconizam uma arte da composição rigorosamente controlada pelo intelecto e governada pela vontade. Ao contrário (mas trata-se realmente do contrário?), um Stanislavski, um Peter Brook renegam tudo o que cheira a fabricação. Eles baseiam o surgimento do personagem sobre o eu profundo do ator. Na prática, contudo, as coisas são infinitamente mais complexas e matizadas. O teatro brechtiano não exclui a representação "com emoção". Simplesmente a emoção não será o objetivo da interpretação, mas, ao contrário, um sintoma a se decifrar. Num outro sentido, os realizadores mais preocupados com a autenticidade, mais inconformados com a fabricação e a elaboração cerebral, sempre afirmaram que convicção e sinceridade de nada servem sem um trabalho de formalização, que nenhuma interpretação é crível, ou apenas legível, sem uma autodisciplina do ator e uma arte da composição de uma grande precisão técnica.

Desde Copeau e o Cartel, o teatro francês se inclinou para a arte da composição. Não foi absolutamente por acaso, neste sentido, que Stanislavski teve, na França, poucos discípulos. Há várias explicações para o fato:

- A ideologia da "clareza francesa", feita de harmonia e equilíbrio formais, herdada do classicismo. Ela foi revalorizada como reação contra as correntes pós-românticas, naturalistas, expressionistas. As mitologias da inspiração, do gênio, suscitam cada vez mais desconfiança e ceticismo. A interpretação deve ser um artesanato, uma ourivesaria.
- Deste movimento procede uma reação contra a afetação dos grandes declamadores do começo do século: mesmo quando os monstros sagrados fascinam a nova geração, esta (Jouvet, por exemplo) procura compreender o mecanismo de sua exibição, decifrar-lhe os segredos técnicos. Vale dizer que a mitologia que produzia o monstro sagrado enquanto tal – a do artista "grande sacerdote" que vaticina sob o efeito de não se sabe qual sopro divino – deixou de funcionar.
- O sentimento de um ator cuja arte consiste num trabalho de composição metódico, quase artesanal, será, para o diretor, um instrumento mais regular, mais maleável, mais empenhado em se integrar numa concepção de conjunto.
- Talvez, enfim, o aspecto cerebral do trabalho de direção se afine melhor com aquele do ator que compõe do que com a afetividade menos controlada do ator que representa "com o instinto e com a alma". É curioso notar, a este respeito, que os diretores tendem a ser atores de composição: Jouvet, Vilar, Planchon, por exemplo.

A explicação dominante, entretanto, poderia ser outra: a lei fundamental que governa, nesta época (digamos, de Copeau a Vilar), a direção é a de um absoluto respeito ao texto: "O ator digno deste nome não se sobrepõe ao texto. Ele o serve. E servilmente" (Jean Vilar, *De la tradition théâtrale,* p.28). É claro que esta rigorosa submissão do intérprete ao texto supostamente rico de um sentido ao mesmo tempo único e secreto solicita, de preferência, um trabalho de composição capaz de garantir que o ator não pare de se controlar, e logo de cultivar este respeito ao texto.

Ainda aqui, uma tal conceituação não deve ser pretexto para excessos: privilegiar a composição não significa de forma alguma limitar ou rebaixar a arte do ator a um conjunto de receitas, de truques. De fato, o que se poderia chamar de a metodologia de Vilar revelava a sua vontade de superar uma oposição esquemática; ela exigia uma análise aprofundada do texto: "Nunca se lê uma obra o bastante. O ator nunca a lê o bastante..." (*op. cit.*, p.24). Ele preconizava a multiplicação dos trabalhos de ensaio de mesa. Com isso, seu objetivo não era impor uma elaboração minuciosamente mecanizada do personagem, mas, ao contrário, evitar este impasse. O domínio, pelo intérprete, da obra na sua totalidade devia lhe permitir mobilizar sua invenção criadora e levá-lo a uma representação autêntica, porque sincera. É o comportamento inverso que favorece todas as mediocridades: o mito da espontaneidade, um trabalho precipitado sobre o texto, a obrigação de "andar rápido" pela preocupação com a rentabilidade, tudo isso, privando o ator de referências internas (as do texto) ou pessoais (seu "eu interior"), o lança num espaço sem referenciais. Tal falta de segurança o impele automaticamente a se refugiar no terreno do que lhe é familiar, tranquilizador, do lado da rotina e do estereótipo:

> Depois de a peça ser lida uma vez pelo diretor e uma segunda vez na mesa, o intérprete é atirado ao palco. O que acontece? Entregue cedo demais às exigências da plástica, o ator se abandona às suas habituais reações conformistas e cria arbitrária e convencionalmente seu personagem sem que sua inteligência profissional e sua sensibilidade tenham podido adivinhar onde isso as levaria. Daí tanta mediocridade de representação! (*op. cit.*, p.24).

3. *O quinhão do sonho*. Ainda assim, seria ilusório pretender submeter integralmente a construção do personagem à direção do intelecto. Pois o trabalho consciente só pode chegar a uma formalização eficaz se ele se desdobra em processos inconscientes sobre os quais o ator não tem quase poder.

A experiência comum dos intérpretes é a de uma perseguição inútil: o papel foi dissecado amiúde; o diretor definiu orientações, indicou parâmetros, fixou referências. Mas o personagem, como que obstinado, continua a escapar ao ator. Como se costuma dizer no meio, ele não "acha", não "sente" "seu" personagem.

Os diretores conhecem bem esses momentos de "busca no vazio". Eles sabem que de nada adianta querer forçar o rumo das coisas, que eles devem se encher de paciência, evitar encerrar o ator em sua agonia e seu pânico. O que seria o melhor meio de arrastá-lo para o refúgio do estereótipo.

Alguns diretores acreditam nas virtudes da brutalidade: esgotando o ator, encurralando-o, eles o obrigariam a sair de si mesmo e a parir um personagem poderosamente censurado pelo seu superego. Não obstante, os riscos de derrapagem ou os bloqueios psíquicos insuperáveis se sobrepõem, ao que parece, às eventuais vantagens de tal técnica. Na maioria das vezes, ao contrário, os diretores reforçam o quanto é mais produtiva uma relação de "paternalização" para com um intérprete emperrado em dificuldades deste tipo, o quanto é mais importante saber escutá-lo, ajudá-lo a se encontrar mais do que lhe impor ordens de comando.

Tudo isso mostra que a arte do ator, independentemente da escola a que ele pertença, não pode se calcar exclusivamente numa teoria rigorosa. A abordagem stanislavskiana, por exemplo, é, afinal de contas, uma espécie de empirismo sistemático, cujo objetivo é a eficácia, a adequação às finalidades a que nos propomos (dar vida a um personagem animado pelo "eu interior" do intérprete). Vilar insistia em afirmá-lo, e no entanto ninguém era menos cético que ele: "Não existe técnica da interpretação, mas práticas, *técnicas*. Tudo é experiência pessoal. Tudo é empirismo pessoal" (*De la tradition théâtrale*, p.33). Por isso o trabalho em cima do papel exige uma relação específica entre o diretor e seu intérprete. Uma relação que, em cada caso, carece de ser reinventada do zero.

É certamente para preservar este quinhão do sonho, este trabalho necessário do inconsciente, que os diretores mais voltados para uma arte da composição evitam orientar a construção formal do personagem através de uma concepção excessivamente preestabelecida. Pois um modelo intelectual repressor só termina por sufocar e paralisar a inventividade do ator. Jouvet dizia, com rude franqueza: "Quem se prende a uma concepção é um imbecil, não pode representar um personagem." O intérprete não deve parar de se tornar e de ser este personagem no desenrolar da ação, de cada cena, de cada movimento da cena. A concepção não pode ser senão um resultado. Aquilo que marca a coerência da interpretação.

Para além da diversidade das opções teóricas que regem toda a prática teatral digna deste nome, há pois, reconhecidamente, no centro da elaboração do papel, um espaço de *jogo* no duplo sentido do termo: uma parte de atividade propriamente *lúdica*, onde fantasia e imaginação podem e devem ter livre trânsito; uma parte de distanciamento, de distorção imprevisível. Dimensão subterrânea da arte do ator, componente obscuro, difícil de delimitar e traduzir verbalmente, mas sem a qual um personagem jamais adquire totalmente vida sob o olhar do espectador.

4. *Ser e durar.* O problema se complica na medida em que o ator deve não apenas, a partir de seu papel, criar um personagem, mas ainda o impor, inscrevê-lo numa temporalidade. A questão da relação do intérprete com a duração da representação e com a de suas próprias intervenções é, em todos os aspectos, crucial.

Certos textos exigem do ator que seu personagem esteja *instantaneamente* presente. É o caso do esquete, da pantomima, desses papéis secundários, mas fortemente caracterizados, que aparecem pelo tempo de uma cena e para os quais Stanislavski não hesitava em inventar biografias imaginárias muito detalhadas,* nas quais o trabalho de interpretação poderia encontrar raízes. Um Dario Fo, que é sozinho, sem figurino nem acessório, uma multidão de personagens, trabalha literalmente *contra* o tempo: um gesto, de saída, deve impor uma figura; o gesto seguinte deve apagá-la e substituí-la por uma outra.

Dito isto, a prática comum do ator exige que ele inscreva seu trabalho em um quadro temporal diferente. Para criar e para impor seu personagem, ele dispõe do tempo da representação, duas a três horas, e não de apenas alguns minutos. Vantagem ambígua! Em primeiro lugar, o personagem tem a mesma necessidade de se impor desde a sua entrada em cena. Ele deve rapidamente estar lá, presente fisicamente, quaisquer que sejam as transformações que sua imagem sofrerá posteriormente no decorrer da ação.

O problema se coloca igualmente em sentido inverso: não basta impor de saída a presença de um personagem. É preciso também fazê-la durar, ou seja, fazer esse personagem existir do princípio ao fim da representação. Sem descontinuidades... Esta "persistência" do personagem entra em choque, geralmente, com obstáculos de diferentes naturezas: cansaço do ator, como se viu com Rachel, lacunas intrínsecas da peça, erros de direção etc.

Assim, a temporalidade inerente ao jogo teatral parece ter uma dupla natureza. Pois um personagem para se impor na continuidade de uma duração, deve ao mesmo tempo estar presente no

---

* Cf., por exemplo, suas anotações de direção de *Otelo*. Entre os papéis do repertório que levantam este tipo de problema, podemos citar, entre mil outros, o Porteiro de *Macbeth*, M. Dimanche em *Don Juan*, Antonio em *As bodas de Fígaro*.

instante e na sucessão de seus instantes cênicos. Criação, em suma, sempre reiniciada e sempre em perigo.

Como dissemos, o teatro ocidental funciona normalmente "com a identificação". Daí a necessidade de *continuidade*. A falta de sustentação, neste âmbito, quebra a adesão do espectador e impede qualquer identificação.

Em se tratando do teatro brechtiano, a problemática se transforma, mas não desaparece. Brecht, sabe-se, recusa a identificação. Consequentemente, a descontinuidade proposital se torna um efeito positivo no sentido de que o ator reaparece por trás do personagem (é o caso, por exemplo, dos famosos *songs*, que pontuam e comentam a representação). Se queremos definir a temporalidade da representação brechtiana, diremos que se trata de uma descontinuidade organizada. Ainda que esta fragmentação não poupe o ator de fazer existir seu personagem, de mostrar suas transformações e contradições através de uma sucessão de episódios autônomos.

Um dos fatores da presença do personagem é também um dos problemas mais espinhosos enfrentados pela arte da interpretação. Trata-se da inscrição desse personagem no contexto ao mesmo tempo espacial e social. Essa presença tem a ver, de fato, com o que seu corpo, seus gestos sugerem, por sua singularidade: uma biografia, uma inserção social, um *habitus* na linguagem da sociologia, um *gestus* na de Brecht. Com efeito, Arlequim não se move como Júlio César! O modo de andar, de se sentar, de olhar para o seu companheiro etc... é significativo de uma relação social; tal gesto terá um poder de revelação quanto à posição sociopolítica do personagem.

Isso nos leva à questão do *contato*, que assume, na interpretação, uma importância considerável.

Para um ator, saber escutar é tão importante quanto saber fazer-se ouvir. A articulação dessas duas modalidades da representação é parte integrante da arte dramática, independentemente da escola a que ela pertença. Com efeito, se um ator se revela incapaz de escutar, ou seja, de manter a continuidade de presença de seu personagem, é inevitável que esta incapacidade comprometerá a ilusão dramática, mesmo quando ele retomar a palavra. Eis por que o ator deve procurar permanentemente o *contato* com seus companheiros, de modo a reagir de forma eficaz (conforme o que exige o papel) e significante (decifrável pelo espectador) a tudo o que se diz e se faz em sua presença. Com isso, ele ajuda, ao mesmo tempo, a interpretação dos seus colegas. Pois os fatos e gestos que animam um espaço social determinado criam, em resposta, fatos e gestos que são, por sua vez, estímulos.

A questão do *contato* não se coloca exatamente nos mesmos termos, dependendo se o ator é apenas um elemento do grupo cênico ou se ele deve chamar para si a atenção do público. Problema delicado de dosagem, que deverá ser resolvido pelo diretor: um figurante não deve estabelecer contato "demais", na medida em que sua representação não deve desviar a atenção do essencial.

A consciência da importância desta questão no êxito de uma representação não é uma característica exclusiva das pesquisas e das práticas mais recentes. Certos testemunhos mostram claramente que, mesmo se o termo não era utilizado, a função do *contato* foi, desde muito tempo, apreendida. "Tenho reparado frequentemente", observa o autor de *Entretiens galans*, "que Armande Béjart e La Grange revelam muita inteligência no seu modo de falar e que sua representação ainda continua mesmo quando seu papel se concluiu. Eles nunca são inúteis sobre o palco. Representam quase tão bem quando ouvem como quando falam. Seus olhares não ficam perdidos. Seus olhos não percorrem os camarotes." E o êxito dos comediantes italianos na representação *all'improvviso* tinha a ver com a preocupação de cada um de manter o *contato* com seu companheiro de modo a sustentar eficazmente suas intervenções.

O problema é particularmente delicado quando se trata das dramaturgias clássicas ou românticas baseadas nas falas longas: pensemos, por exemplo, nas grandes cenas de debate político-jurídico em Corneille. Cabe também ao diretor dosar essas interações que definem o *contato*, sustentam a eficácia dramática e aumentam a presença de cada personagem.

Voltemos para a cena da "declaração" de *Fedra* (II, 5) na encenação de Jean-Louis Barrault. A segunda grande fala da heroína ("Ah! cruel, você bem me entendeu...") suscita, na cabeça do diretor, uma enxurrada de indicações relativas ao comportamento, às reações do parceiro de Fedra, o qual por enquanto se mantém mudo. Em suma, o *contato* aqui não fica exclusivamente por conta da inspiração do intérprete...

> Hipólito, na trajetória deste "eu amo", vai se posicionar no próprio lugar onde Arícia se refugiara ainda há pouco: primeiro plano esquerdo; neste canto escuro e quente onde ele poderá esconder seu desgosto. Ele lembra um são Sebastião que Fedra vai atravessar com suas flechas. (indicação 38)
>
> Hipólito, de olhos fechados, máscara crispada de desgosto, palmas das mãos postas atrás de si, contra o muro, desviou seu rosto. (indicação 42)
>
> Com um movimento do pescoço, brutal e seco, Hipólito vira a cabeça para o alto, em direção ao fundo. (indicação 43)
>
> A piedade que ela desperta é quase intolerável. Momento mais penoso, durante o qual Hipólito, aterrorizado, se estira como se quisesse fugir de Fedra verticalmente. (indicação 44) (*Mise-en-scène de Phèdre*, p.121).

Stanislavski tentou formular uma teoria do *contato*. Sua ideia mestra é que o *contato* só pode ser plenamente atingido e mantido se o ator tem em vista simultaneamente vários objetivos: através do personagem, ele deve procurar estabelecer um contato consigo mesmo; é a mobilização do "eu interior". O contato "direto" com o espectador implica uma relação específica com o espaço e os objetos cênicos. Enfim, uma terceira zona de ação é definida pelos panos de fundo circunstanciais – passado do personagem, ambientação política etc. que alimentam a memória afetiva comum ao personagem e ao seu intérprete.

5. *O papel no cinema*. A interpretação do papel, no cinema, parte de dados substancialmente diferentes. Primeiro, a temporalidade da ação escapa ao ator, já que as condições materiais da filmagem a fracionam de maneira artificial. Só o diretor, depois do trabalho de edição, tem condições de restituí-la, ou antes, de constituí-la. Neste aspecto, o ator está condenado a construir e a impor sua interpretação no próprio instante da tomada. E, ainda por cima, deve ser capaz de reconstituí-la "à risca" se, por acaso, os imprevistos da filmagem obrigam a voltar a um mesmo momento da ação com alguns dias ou algumas semanas de intervalo. Entre o momento em que um personagem abre uma porta para sair de casa e o momento em que o vemos do lado de fora, podem ocorrer, no tempo real da filmagem, atrasos deste tipo! A contrapartida a este aumento de dificuldade é que o trabalho do intérprete se efetua em condições de "segurança" bem superiores às do teatro: o diretor do filme pode fazer e refazer a tomada de uma mesma cena, e até de um mesmo fragmento de cena, até obter o resultado desejado. No cinema, as falhas eventuais de uma interpretação são, decididamente, atribuíveis muito mais às lacunas da direção do que ao ator.

Em segundo lugar, a perda de poder, que já enfocamos, repercute na interpretação: o personagem nasce de um trabalho coletivo em que o diretor, e até mesmo toda a equipe de filmagem, tem um poder de decisão que concorre com o do ator. Isto explica a vulnerabilidade de certos atores de cinema, quando entregues à solidão inevitável do ator de teatro, e as defasagens surpreendentes que se pode observar entre os êxitos da tela e os fracassos do palco com o mesmo intérprete.

Enfim, a problemática do *contato* deve ser definida assim: a intervenção do diretor o controla em todos os estágios da produção do filme: ensaios, filmagens, edição etc. Além disso, o poder amplificador da imagem lhe proporciona grandes facilidades no sentido de que as relações microscópicas que, na realidade, o definem devem ser plenamente exploradas na tela: jogo de olhares, de mãos, abraços de corpos, hesitações etc. E a soma dos ensaios e das tomadas sucessivas permite, neste aspecto, alcançar uma precisão expressiva quase perfeita.

Assim, o ator de cinema, ajudado pelo diretor e por toda a equipe do filme, pode, como o escritor, o pintor ou o compositor, acrescentar à sua interpretação um toque final. O que é impossível para o ator de teatro!

O trabalho em cima do papel se assemelha ao da tapeçaria de Penélope. Uma interpretação não para de se desfazer, não para de ser retomada. Ela não está nunca – o que sem dúvida é bom – definitivamente "fixada". Sua fragilidade corresponde a todos os tipos de fatores por vezes imponderáveis: o tempo dos ensaios raramente é suficiente (não é, economicamente, um momento rentável; a tendência é, então, restringi-lo ao mínimo possível). A inspiração pessoal pode subitamente falhar – por cansaço físico ou psíquico, por falta de contato com a sala ou o palco etc.

Uma tal vulnerabilidade torna a arte do ator sempre mais ou menos aleatória. Não apenas nenhuma apresentação tem de antemão "êxito garantido", mesmo se a anterior o teve, como também, de um ato para outro, de uma cena para outra, mil falhas ameaçam o ator. Mas talvez seja precisamente este dado de imprevisibilidade que confere à arte do teatro seu sabor particular. Diante do público, nada pode ser refeito. Tudo é irremediável. O ator trabalha sem rede de segurança. A beleza do teatro, como sua magia, é sua insegurança. Se esta noite um intérprete particularmente inspirado ultrapassa seus próprios limites, este é sempre um instante miraculoso, único, que, provavelmente, nunca mais voltará...

6. O ATOR, O DIRETOR E O ESPECTADOR

O TEATRO É UM JOGO JOGADO A TRÊS. Só existe efetivamente arte dramática quando há ao menos um espectador olhando para ao menos um ator. E, nos últimos 100 anos aproximadamente, nenhuma representação, nenhuma interpretação seria possível sem a intervenção do terceiro jogador, que é o diretor. Peter Brook reforça precisamente o caráter fundamental desta relação triangular:

> Nenhum ator megalomaníaco gostaria de representar para si mesmo, para o seu espelho. Portanto, o autor ou o diretor só podem trabalhar segundo seu próprio gosto ou seu próprio julgamento de maneira aproximativa durante os ensaios, e eles só vão atingir sua própria verdade quando estiverem cercados de espectadores por todos os lados. Eu acredito que todos os diretores reconheceriam que sua visão de seu próprio trabalho muda completamente quando estão sentados no meio dos espectadores (*O teatro e seu espaço*).

Este jogo a três é de fato um sistema de duplo circuito: de um lado, a interpretação se constitui de trocas entre o diretor e o ator, de outro ela sofre modulações, nuances, enfim, "vive" de contato com o público. Trata-se de um sistema específico da arte do teatro sobre a qual, para terminar, é preciso dizer algumas palavras.

1. *Do "monstro sagrado" ao diretor.* Entre 1920 e 1930, como um movimento de balança simultâneo, pôde-se assistir ao declínio, e logo ao desaparecimento, dessa espécie de atores que se chamava "monstros sagrados", e à ascensão de diretores ao primeiro plano. Entre um e outro, é lícito perceber uma relação de causa e efeito

e o começo de uma evolução que levou ao *status* atual do ator na empresa teatral.

O monstro sagrado celebrava seu ofício na solidão mística do grande sacerdote. O tipo de teatro que ele promovia se assemelhava a uma liturgia. Entre o celebrante e os fiéis, a relação de comunhão se apoiava numa espécie de bruxaria que provocava uma representação hipnótica – gestos esporádicos e lentos, hieratismo, vocalização "mágica" (eficiente e poderosa).

A partir dos anos 30, um fenômeno semelhante aparece no cinema, com o famoso *star system*. Aliás, pode-se perguntar se essa idolatria que constitui na tela o jogo da fascinação e da mitificação não abrigava o germe do desaparecimento do monstro sagrado.

Quando, a partir dos fins do século XIX, a encenação se afirma por completo como arte, a inevitável consequência é um conflito de poderes. De um lado, o monstro sagrado, por sua própria presença, proclama a soberania do ator e o caráter exclusivo e direto de sua relação com o público, de outro, o diretor reivindica uma autoridade absoluta sobre tudo o que contribui para a representação. Não é à toa que no termo francês "régisseur" adotado por Craig, e mais tarde por Vilar, estava presente o verbo "régir" (comandar)... Consequentemente, um ou outro devia desaparecer, e, como se sabe, foi o diretor que "tomou o poder"! Só restava ao monstro sagrado submeter-se ou demitir-se, quer dizer, tornar-se um ator, uma vedete no máximo, parte integrante de um empreendimento coletivo, maior do que ele.

É verdade que certos monstros sagrados compreenderam que esta evolução, independentemente da ameaça que significava para eles, podia ser fecunda; é também verdade que alguns diretores souberam utilizar o talento particular desse tipo de intérprete: Antoine admirava Réjane e trabalhou com ela; Craig, em 1906, montou *Rosmersholm*, de Ibsen, para Eleonora Duse, que ficou entusiasmada com a experiência.

A evolução pode muito bem se dar dentro da admiração ou da estima recíproca. Ela não deixa de transformar ao mesmo tempo a representação do ator e seu *status* cênico. O oficiante se torna um executante. Ele se integra à rede de relações de que se constitui uma representação teatral. Ele se submete a uma concepção de conjunto cuja responsabilidade cabe ao diretor. Concretamente, ele é levado a utilizar sua voz de maneira mais "natural"; a renunciar à maior parte dos efeitos de vocalização; a exprimir-se com o seu corpo; a diversificar e a singularizar seu gestual em função do seu personagem, da estética da representação e de mil outros fatores. Tornando-se solidário com todo um grupo, participando de um trabalho coletivo, ele iria infalivelmente perder sua aura de mago inspirado e solitário, que compunha a especificidade de sua arte.

2. *O ator e o diretor.* Toda interpretação, hoje em dia, é condicionada pela direção. Para se realizar completamente, certos atores precisam trabalhar com um diretor determinado que, conhecendo-os intimamente, saberá tirar deles a essência de seus recursos. Sem dúvida, acontece que tal ator seja seu próprio diretor, ou o diretor seu próprio intérprete. De Stanislavski a Dullin, Pitoëff e Jouvet, de Barrault e Vilar a Planchon, Vitez e Chéreau, os exemplos são inúmeros. Ainda assim, a situação mais comum é a de uma separação de tarefas.

Entre o diretor e o ator se institui uma relação de poder ou, mais exatamente, de manipulação. Isso não quer dizer que o diretor, salvo exceções, tiranize o ator. Frequentemente esse poder se esconde sob tons suaves. Ele se pretende pedagógico. Mesmo nos casos aparentemente mais favoráveis a uma liberação do ator – teatro do autodesnudamento de Grotowski, criação coletiva do Living Theatre ou do Théâtre du Soleil etc. –, ele não retomará mais a autonomia soberana do monstro sagrado. Pois hoje a representação põe em jogo uma elaboração formal em que diversos elementos lhe escapam. Se ele não passa de uma roda, e no máximo de um eixo numa engrenagem, ele é ao mesmo tempo transformado por ela.

De Stanislavski a Pitoëff, de Lee Strasberg a Peter Brook, desenvolveu-se e perpetuou-se esta teoria: o diretor deve agir como um revelador do ator, ele o ajuda a colocar para fora seu eu profundo, e a lhe dar uma forma; ele o impede de se fechar na comodidade do estereótipo interpretativo. Peter Brook afirma: "O diretor deve estar atento ao momento em que o ator se embaralha em suas próprias intenções, mesmo se elas são corretas, ao momento em que ele deve ajudar o ator a reconhecer e superar seus próprios obstáculos. Tudo isso surge do diálogo e de uma espécie da dança entre o diretor e o ator" (*O teatro e seu espaço*).

Pitoëff tinha a este respeito uma fórmula reveladora: "Uma vez que eu tenha conseguido passar para dentro do ator a chama que está em mim, eu o deixo livre" (*Notre théâtre*, 1949). Liberdade bastante equívoca esta de um ser que tem o outro dentro dele como uma transfusão! Mas não é fácil levar este debate a uma conclusão. Afinal, no teatro, talvez seja necessário e suficiente que o ator tenha a ilusão da liberdade. E poderia ser diferente? A escolha primordial de todo ator não é precisamente se alienar, mergulhando no papel? A arte do ator talvez comece por esta renúncia.

Seja como for, a relação mais fecunda que se pode estabelecer entre o diretor e o ator parece ser a de simbiose. O diretor se esforça por mobilizar o eu do ator, mas, simultaneamente, este último, poroso, se deixa encher e governar pelo eu do diretor. A integração do intérprete à direção por um lado, a intensidade da encarnação por outro, têm a ver, sem dúvida, com esse vaivém da fusão entre os dois.

Jouvet já ressaltava a importância, no teatro, deste eu do diretor, mesmo se o pudor ou o conformismo levam a primeiro plano o do ator, sob pena de ocultar o primeiro:

> Tudo o que ele [o diretor] tem a função de animar se constrói antes nele mesmo por imaginação e sugestão, por um trabalho interior de que todas as suas forças participam. A vida que ele tem a função de comunicar aos personagens carrega sempre algumas de suas semelhanças, alguns traços de seu caráter, de seu temperamento, e mesmo de sua constituição física. É sempre, sem dúvida, segundo ele mesmo que o diretor escreve suas notas de trabalho e "guia" os atores no palco. Sem saber, ele se copia a si mesmo. Uma direção é uma confissão (Prefácio de *Encenação de "As estrepolias de Escapino" por Jacques Copeau*, 1951).

Hoje, a ideia de que na raiz da criação teatral atua uma relação de *desejo* entre o diretor e o ator não chegaria a chocar nem mesmo a surpreender. Deste desejo provém uma dinâmica cujo desfecho será precisamente a representação e, mais diretamente ainda, a interpretação de cada ator. A atual geração dos diretores parece ter tomado plena consciência do fenômeno. Testemunho de Jacques Lassalle:

> Enquanto eu não tiver explorado aquilo que fez com que esse ator ou aquela atriz me fizessem sentir o desejo de fazer com eles essa viagem importante – não é apenas uma viagem artística, é uma viagem vital –, eu não posso avançar. Preciso casar os dois desejos, o de um texto e o de alguém, para ultrapassar o estado inicial de indecisão; mas desde o momento em que encontrei a maneira de encaixá-los, brota em mim uma urgência, uma necessidade (*Journal du Théâtre National de Chaillot*, n.11, abril de 1983).

3. *O ator e o espectador*. A arte do ator tem um lado imediato que se opõe ao que outras formas de criação têm de não imediato: quando leio um romance ou contemplo um quadro, o escritor e o pintor já terminaram a sua obra. Eles podem estar a milhares de quilômetros de distância, física ou psicologicamente. E, quando

eles se dedicam ao seu trabalho, sou eu que não posso estar ali. A arte do ator, como toda arte de interpretação, se baseia em premissas rigorosamente inversas: quando eu assisto à apresentação, o trabalho do ator se realiza diante dos meus olhos. E quando não há público, só se pode fazer atividades preparatórias, ensaios...

A literatura dos profissionais de teatro não deixa nenhuma dúvida a este respeito: da presença e do olhar do público depende a forma final do trabalho do ator. Eles provocam uma tensão e uma polarização. O intérprete deve levar em conta, utilizar ou deixar para trás reações pessoais cujos efeitos podem ser negativos (medo, inibição) ou positivos (excitação, necessidade de se superar).

Além disso, o comportamento do público, que o ator percebe ou sente, contribui para modificar sutilmente sua representação. Ainda assim, os efeitos desse face a face serão negativos ou positivos dependendo se o ator se sentirá apoiado, compreendido, ou ao contrário, olhado com indiferença, aborrecimento, ironia, hostilidade etc., enfim, contestado e rejeitado. Daí as variações que é possível observar entre duas representações. Uma noite, há conivência, calor, troca entre o palco e a plateia, no dia seguinte, defasagem e incompreensão. Peter Brook, lembrando uma *tournée* de sua companhia nos países do Leste Europeu, ilumina um curioso paradoxo: a presença afetiva do público ganha, no teatro, mais peso que a comunicação linguística.

> Era fascinante ver como um público composto em sua maioria de pessoas que compreendiam mal o inglês podia influenciar o elenco àquele ponto. ... A atenção que o público prestava ao drama de Shakespeare [*Rei Lear*] se manifestava pelo silêncio e pela concentração. Os atores sentiam essa tensão, e seu trabalho ficava iluminado. De tal maneira que as passagens mais obscuras se tornavam claras (*O teatro e seu espaço*).

A tradição aristotélica, a ideologia do "natural" contribuíram para ocultar esses fenômenos essenciais. A convenção ilusionista quer que o ator aja como se o espectador não existisse. É uma regra do jogo que vem do século XVII! O autor de *Entretiens galans* admira Armande Béjart e La Grange, vedetes da companhia de Molière, porque, segundo ele, "eles sabem que a sala está cheia, mas falam e agem como se só vissem aqueles que fazem parte de seus papéis e de suas ações". E a famosa teoria conhecida como a da "quarta parede", que costuma ser atribuída a Antoine, foi formulada por Diderot já em 1758:

> Estejam vocês ensaiando ou representando, não pensem no espectador mais do que se ele não existisse. Imaginem na boca de cena uma grande parede que os separa da plateia. Representem como se o pano de boca não se erguesse nunca (*Discours de la poésie dramatique*).

É com esta convenção que o teatro contemporâneo basicamente começou a funcionar, mesmo quando ele se livrou da dominação do mimetismo e do naturalismo. Não obstante, ele tomou consciência do caráter implícito e paradoxal do estatuto do espectador.

> A verdadeira função do espectador é uma coisa difícil de entender: ele está ali e, ao mesmo tempo, não está ali; ele é ignorado, e no entanto necessário. O trabalho do ator não é feito para o público, e no entanto o é sempre. Aquele que olha é um companheiro que se deve esquecer e, contudo, tê-lo sempre presente no espírito. Um gesto é afirmação, expressão, comunicação, e ao mesmo tempo é uma manifestação pessoal de solidão – é sempre o que Artaud chama de "um sinal através das chamas" –, e portanto isso implica uma experiência compartilhada, a partir do momento em que o contato é estabelecido (Peter Brook, *O teatro e seu espaço*).

Grotowski está sem dúvida entre aqueles que levaram mais adiante esta investigação da relação paradoxal que liga tão fortemente o ator ao espectador, separando-os no entanto tão radicalmente. Ele afirma que esse laço determina dois grandes riscos para o intérprete, o do *narcisismo* e o do *exibicionismo*. No primeiro caso, o ator abstrai a presença do espectador. Ele se torna seu próprio público e representa para admirar-se a si mesmo. No segundo, o ator representa *para* o espectador. Ele o adula e o provoca sem se envolver pessoalmente nesse processo. O jogo teatral degenera em pura simulação. O que é interessante, na análise dessas formas de desvio, é que elas decorrem de uma modificação implícita do *status* do espectador, modificação que desequilibra a parte respectiva aos dois componentes antagônicos que o definem. A representação narcisista recusa a presença do espectador, decreta-o ausente. O exibicionismo, ao contrário, escamoteia seu lado de ausência e se constitui a partir da presença invasora do outro.

Já nos anos 30, a teoria artaudiana pretendia abolir ou desfazer esta convenção da presença-ausência do espectador. Sonhando pôr em jogo seus sentidos e sua carne, "fazê-lo gritar", Artaud pregava, através disso, um novo tipo de intervenção do ator que se basearia nas capacidades de reação do público e numa nova técnica, própria para desencadear um novo tipo de reações:

> Saber de antemão os pontos do corpo que é preciso tocar, é lançar o espectador em transes mágicos. E a poesia no teatro desacostumou-se há muito desta preciosa espécie de ciência (*O teatro e seu duplo*).

Numa perspectiva diferente, o ator brechtiano deve, também, assumir uma relação nova com o espectador. Relação tríplice em que o ator serve de mediador entre o personagem e o espectador. Cabe a ele preservar a liberdade intelectual deste último, evitar envolvê-lo na participação emocional, processar nele uma transformação interior livremente consentida. Em lugar da "crueldade" artaudiana, uma pedagogia.

Brecht reforça o quanto é mais importante subordinar o funcionamento da representação à especificidade do público, uma especificidade que é de antemão histórica, social e política. *A resistível ascensão de Arturo Ui*, parábola sobre a tomada de poder por Hitler, não será interpretada da mesma maneira em Berlim e em Paris, em Turim ou em Varsóvia, e as diferenças serão determinadas pela relação de cada público com o nazismo (recalque, remorso, memória etc.).

Assim, pouco a pouco, são introduzidos novos elementos na arte do ator. O teatro põe em jogo uma relação afirmada e assumida, mesmo se sua natureza é mal-esclarecida, entre o ator e o espectador. O primeiro sabe que não é apenas o intérprete de um papel, que atrás disso se pratica um jogo de sedução-provocação dentro do qual a maestria de um ator manipulador pega em suas armadilhas a ingenuidade mais ou menos consentida do espectador. Mesmo quando essa manipulação se sublima e se transforma em ascese, no caso do ator grotowskiano.

Atualmente, nenhuma teoria, nenhuma prática se exime de se posicionar *em relação* ao espectador. Ora se perpetua a convenção ilusionista que finge excluir e anular o público, ora se lhe devolve a existência dirigindo-se diretamente a ele (a escola brechtiana, Dario Fo etc.). Outras vezes tratam de integrá-lo à interpretação, fazem-no entrar no jogo ou, como se costuma dizer, participar. Isto vai das fórmulas mais ou menos ingênuas de teatro de rua às pesquisas meticulosamente elaboradas de um Ronconi ou de uma Ariane Mnouchkine. Estes últimos visam a mobilizar a iniciativa do espectador, obrigando-o a escolher, permanentemente, seu ponto de vista, em outras palavras, a redefinir sem parar sua relação com o ator e o espetáculo. Pesquisas que desembocaram, em

1969 e em 1970, em brilhantes êxitos que foram *Orlando Furioso*, no caso de Ronconi, e *1789*, no de Ariane Mnouchkine. Numa outra perspectiva, o trabalho de um Grotowski, na mesma época, implicava um verdadeiro corpo a corpo entre o ator e o espectador. Não apenas a existência deste último era levada em consideração pelo espetáculo, como, mais ainda, ela devia ser transtornada por ele. Experiência-limite, abalo transfigurador de que nem um nem outro sairia incólume.

Sem dúvida, neste plano, a onda dos anos 70 parece hoje um pouco amortecida. Ainda assim, o ator não pode mais agir como se não colocasse a todo momento a questão de sua relação com este parceiro que é o espectador, como se ele não soubesse que esta relação determina toda a sua arte. Daniel Mesguich observa lucidamente:

> Um ator não é aquele que fala e é ouvido, mas aquele que só fala do fato de estar sendo ouvido, como se finalmente no teatro só houvesse o ato de ouvir, como se a sua voz só fosse, em última análise, o barulho produzido pela atenção dos espectadores, a música feita pela escuta da sala (*Le Monde*, 30 de junho de 1983).

A questão da aceitação ou da recusa da convenção ilusionista não é nem mesmo atual. O teatro, hoje, quer definir a *precisão* de uma forma de relação sempre particular entre o ator e o espectador. Precisão, no sentido de que de uma estética a outra, de um espetáculo a outro, sabemos que todos os tipos de modalidades poderão legitimamente ser levados em consideração, excluídas ou postas em prática. Precisão, pois esta atitude de assumir a relação com o espectador alarga, finalmente, o campo da responsabilidade do ator, e multiplica as potencialidades da arte dramática. Jacques Lassalle afirma:

O ator que me interessa é o ator que, estando consciente do artifício básico – eu estou diante dos outros –, consegue superá-lo e atingir uma nudez essencial, uma integridade que, por sua vez, me perturba, me obriga a me reconsiderar diante do mundo. Nada me toca tanto quanto o espetáculo de uma teatralidade aberta, que faz do espectador o protagonista, verdadeiro, definitivo, da representação (*Journal du Théâtre National de Chaillot*, n.11, abril de 1983).

Bibliografia sumária

1. Enfoques interdisciplinares

ABIRACHED, Robert. *La Crise du personnage dans le théâtre moderne.* Grasset, 1978.

DEMARCY, Richard. *Eléments d'une sociologie du spectacle.* UGE, col. "10/18", 1973.

DESCOTES, Maurice. *Le Public de théâtre et son histoire.* PUF, 1964.

DHOMME, Sylvain. *La Mise-en-scène de Antoine à Brecht.* Nathan, 1959.

DORT, Bernard. *Théâtre public.* Seuil, 1967.

______. *Théâtre réel.* Seuil, 1971.

______. *Theâtre en jeu.* Seuil, 1979.

DUCHARTRE, Pierre-Louis. *La Commedia dell'arte.* Ed. d'Art et d'Industrie, 1955.

DUVIGNAUD, Jean. *L'Acteur, esquisse d'une sociologie du comédien.* Gallimard, 1965. (Ed. bras.: *Sociologia do comediante.* Zahar, 1972.)

______. *Sociologie du théâtre, essai sur les ombres collectives.* PUF, 1965.

JOTTERAND, Frank. *Le Nouveau théâtre américain.* Seuil, col. "Points", 1970.

ROUBINE, Jean-Jacques. *Théâtre et mise-en-scène, 1880-1980.* PUF, 1980. (Ed. bras.: A *linguagem da encenação teatral, 1880-1980.* Zahar, 1982.)

UBERSFELD, Anne. *L'École du spectateur.* Ed. Sociales, 1981.

VEINSTEIN, André. *La Mise-en-scène théâtrale et sa condition esthétique.* Flammarion, 1955.

VILLIERS, André. *La Psychologie du comédien.* Lieutier, 1943.

______. *La Psychologie de l'art dramatique.* Armand Colin, 1951.

Histoire des spectacles, coletânea organizada por Guy Dumur. Gallimard, "Encyclopédie de la Pléiade", 1965.

______. *Les Voies de la création théâtrale,* 11 vols. publicados. Ed. du CNRS, 1970-1983.

2. Monografias

BABLET, Denis. *Edward-Gordon Craig.* L'Arche, 1962.
BINER, Pierre. *Le Living Theatre.* L'Age d'Homme, 1968.
COPFERMANN, Emile. *Planchon.* L'Age d'Homme, 1969.
DORT, Bernard. *Lecture de Brecht.* Seuil, 1960.
GOURFINKEL, Nina. *Constantin Stanislavski.* L'Arche, 1955.
JOMARON, Jacqueline. *Georges Pitoëff metteur en scène.* L'Age d'Homme, 1979.
QUADRI, Franco. *Roneoni.* UGE, col. "10/18", 1974.
TEMKINE, Raymonde. *Grotowski.* L'Age d'Homme, 1970.
VIRMAUX, Alain. *Antonin Artaud et le théâtre.* Seghers, 1970.

3. Textos teóricos

ARTAUD, Antonin. "Le Théâtre et son double", in *OEuvres complètes,* t.4. Gallimard, 1967.
BRECHT, Bertold. *Écrits sur le théâtre I et II.* L'Arche, 1972.
CRAIG, Edward-Gordon. *De l'art du théâtre.* Lieutier, 1943.
_______. *Le théâtre en marche.* Gallimard, 1964.
DIDEROT, Denis. "*Discours sur la poésie dramatique*", in *OEuvres complètes*, t.3. Club Français du Livre, 1970.
_______. "Entretiens sur Le Fils naturel", ibid.
_______. "Paradoxe sur le comédien", ibid., t.10, 1971.
MEYERHOLD, Vsevolod. *Le Théâtre théâtral.* Gallimard, 1963.
STANISLAVSKI, Constantin. *La Formation de l'acteur.* Olivier Perrin, 1958.
_______. *La Construction du personnage.* Olivier Perrin, 1966.

4. Reflexões e depoimentos

BARRAULT, Jean-Louis. *Nouvelles réflexions sur le théâtre.* Flammarion, 1959.
BROOK, Peter. *L'Espace vide.* Seuil, 1977.
COPEAU, Jacques. *Notes sur le métier de comédien.* Michel Brient, 1955.
DULLIN, Charles. *Souvenirs et notes de travail d'un acteur.* Lieutier, s.d.

GROTOWSKI, Jerzy. *Vers un théâtre pauvre.* L'Age d'Homme, 1971.
JOUVET, Louis. *Témoignages sur le théâtre.* Flammarion, 1951.
______. *Le Comédien désincarné.* Flammarion, 1954.
STREHLER, Giorgio. *Un théâtre pour la vie.* Fayard, 1980.
VILAR, Jean. *De la tradition théâtrale. Gallimard*, col. "Idées", 1963.
______. *Le Théâtre, service public.* Gallimard, 1975.

5. Documentos

BARRAULT, Jean-Louis. *Mise-en-scène de Phèdre.* Seuil, col. "Points", 1972.
COPEAU, Jacques. *Mise-en-scène des Fourberies de Scapin.* Seuil, 1951.
JOUVET, Louis. *Tragédie classique et théâtre du XIXe siècle.* Gallimard, 1968.
STANISLAVSKI, Constantin. *Mise-en-scène d'Othello.* Seuil, 1952.
STRASBERG, Lee. *Le Travail à l'Actors' Studio.* Gallimard, 1969.

6. Sobre o cinema

AGEL, Henri. *Le Cinéma.* Castemann, 1954.
______. *Esthétique du cinéma.* PUF, "Que sais-je?", 1957 (reed. 1971).
BAZIN, André. *Qu'est-ce que le cinéma?,* 4 vols. Ed. du Cerf, 1959-1962 (ed. definitiva 1975).
EISENSTEIN, S.M. e NIJNY, V. *Mettre en scène.* UGE, col. "10/18", 1973.
EPSTEIN, Jean. *Écrits sur le cinéma, 1921-1953,* 2 vols. Seghers, 1975.
METZ, Christian. *Essais sur la signification au cinéma,* 2 vols. Klincksieck, 1975-1976.
MITRY, Jean. *Esthétique et psychologie du cinéma,* 2 vols. Ed. Universitaires, 1968.
MORIN, Edgar. *Les Stars.* Seuil, 1957.
SADOUL, Georges. *Le Cinéma, son art, sa technique, son économie.* La Bibliothèque Française, 1948.
SORBIER, Pierre. *Sociologie du cinéma.* Aubier-Montaigne, 1997.
SOURIAU, Etienne. *L'Univers filmique* (col. organizada por Etienne Souriau). Flammarion, 1952.

ESTA OBRA FOI COMPOSTA POR SUSAN JOHNSON EM META PRO E MINION PRO E IMPRESSA EM PROCESSO SOB DEMANDA PELA UM LIVRO SOBRE PAPEL OFFSET PARA A EDITORA SCHWARCZ A PARTIR DE 2025

FSC
www.fsc.org
MISTO
Apoiando o manejo florestal responsável
FSC® C128038

A marca FSC® é a garantia de que a madeira utilizada na fabricação do papel deste livro provém de florestas que foram gerenciadas de maneira ambientalmente correta, socialmente justa e economicamente viável, além de outras fontes de origem controlada.